JN320620

心理学の「現在」がわかるブックガイド

Psychology Going On:
Over 120
BOOK
REVIEWS

監修＝**服部　環**
共著＝**越智啓太・德田英次・荷方邦夫・望月　聡**

実務教育出版

まえがき～ようこそ心理学の「現在」へ

　本書の目的は、心理学に興味のある人やこれから心理学を学ぶ人のために、心理学の魅力と心理学という学問の広さを伝えることにあります。同じ目的を達成する手っ取り早い方法は概論書を書くことですが、概論書は基本的知識を読者に提供することができても、射程がおのずと狭くなるという弱みがあります。このため、私たちは、心理学に興味を持つ人が読んでおきたい本、学習の参考にしてほしい本を通して心理学の魅力を思い切り伝えることにしました。そうすれば、幅広く「現在」の心理学のエッセンスを読者に提供できると考えたからです。

　最初に本書の特徴です。

- 目利きの著者が時間をかけて良い本を厳選しました。読んで損をする本はありませんし、読者は選書の時間を省くことができます。
- 古典的名著から最新の研究テーマに切り込んだ本まで、時代を超えて選びました。心理学の「現在」を知ることができます。
- やさしい入門書はもちろん、すでに心理学を学んでいる人の知的好奇心を満たす最新の専門書も取り上げました。
- 各書のキーポイントを数ページで知ることができます。
- 大学院入試や資格・検定試験、各種採用試験も視野に入れて、学習書をたくさん取り上げました。

　本書の内容は次のとおりですが、何章からでも読み進めることができます。

　　第1章　新書や文庫があなたの興味をそそります。
　　第2章　名著が心の悩みを解き明かします。
　　第3章　脳と神経への心理学的アプローチを学びます。
　　第4章　学校教育との接点や人の発達を理解します。
　　第5章　人間の「知」のメカニズムを学びます。
　　第6章　対人関係や恋愛の心理を探ります。
　　第7章　犯罪の心理に踏み込みます。
　　第8章　大学での学習や各種試験に備えます。

2011年3月

監修者　服部　環

心理学の「現在」がわかるブックガイド
CONTENTS

まえがき～ようこそ心理学の「現在」へ ……………………………… 1

第1章
1000円以下ですごい！ …………… 13
イチオシ新書・文庫

101 **サブリミナル・マインド** －潜在的人間観のゆくえ ……………… 14
下條 信輔 著　　中公新書

102 **心理学で何がわかるか** ………………………………………… 16
村上 宣寛 著　　ちくま新書

103 **なぜ、「あれ」が思い出せなくなるのか** －記憶と脳の7つの謎 …… 18
ダニエル・L・シャクター 著　春日井 晶子 訳
日経ビジネス人文庫

104 **学ぶ意欲の心理学** ……………………………………………… 21
市川 伸一 著　　PHP新書

105 **勉強法が変わる本** －心理学からのアドバイス ………………… 22
市川 伸一 著　　岩波ジュニア新書

106 **オプティミストはなぜ成功するか** …………………………… 23
マーティン・セリグマン 著　山村 宜子 訳　講談社文庫

107 **新・脳の探検（上・下）**
－脳・神経系の基本地図をたどる／脳から「心」と「行動」を見る …… 26
フロイド・E・ブルームほか 著　中村 克樹・久保田 競 監訳
ブルーバックス

108 **デカルトの誤り** －情動、理性、人間の脳 …………………… 28
アントニオ・R・ダマシオ 著　田中 三彦 訳　ちくま学芸文庫

109 **前頭葉は脳の社長さん？** －意思決定とホムンクルス問題 ………… 30
坂井 克之 著　　ブルーバックス

110 心の脳科学 －「わたし」は脳から生まれる ……………………… 32
坂井 克之　著　　中公新書

111 センスのいい脳 ………………………………………………………… 34
山口 真美　著　　新潮新書

112 認知症 －専門医が語る診断・治療・ケア ………………………… 36
池田 学　著　　中公新書

113 人はいかに学ぶか －日常的認知の世界 …………………………… 38
稲垣 佳世子・波多野 誼余夫　著　　中公新書

114 生涯発達の心理学 ……………………………………………………… 40
高橋 恵子・波多野 誼余夫　著　　岩波新書

115 0歳児がことばを獲得するとき －行動学からのアプローチ …… 42
正高 信男　著　　中公新書

116 問題解決の心理学 －人間の時代への発想 ………………………… 44
安西 祐一郎　著　　中公新書

117 無気力の心理学 －やりがいの条件 ………………………………… 46
波多野 誼余夫・稲垣 佳世子　著　　中公新書

118 心理テストはウソでした ……………………………………………… 47
村上 宣寛　著　　講談社＋α文庫

119 「社会調査」のウソ －リサーチ・リテラシーのすすめ ………… 50
谷岡 一郎　著　　文春新書

120 統計でウソをつく法 －数式を使わない統計学入門 ……………… 51
ダレル・ハフ　著　　高木 秀玄　訳　　ブルーバックス

121 原因をさぐる統計学 －共分散構造分析入門 ……………………… 52
豊田 秀樹・前田 忠彦・柳井 晴夫　著　　ブルーバックス

122 複雑さに挑む科学 －多変量解析入門 ……………………………… 53
柳井 晴夫・岩坪 秀一　著　　ブルーバックス

123 FBI心理分析官 －異常殺人者たちの素顔に迫る衝撃の手記 …… 54
ロバート・K・レスラー、トム・シャットマン　著　　相原 真理子　訳
ハヤカワ・ノンフィクション文庫

124 なぜ人はエイリアンに誘拐されたと思うのか ……………………… 56
スーザン・A・クランシー　著　　林 雅代　訳
ハヤカワ・ノンフィクション文庫

125 こころの日曜日
－44人のカウンセラーが語る 心と気持ちのほぐし方 …………… 57
菅野 泰蔵　編　　朝日文庫

126 軽症うつ病 －「ゆううつ」の精神病理 …………………………… 58
笠原 嘉　著　　講談社現代新書

127 異常の構造 ……………………………………………………………… 59
木村 敏　著　　講談社現代新書

128 **子どものトラウマ** ……………………………………… 60
西澤 哲 著　講談社現代新書

129 **発達障害の子どもたち** ………………………………… 62
杉山 登志郎 著　講談社現代新書

第2章

あなたの心の悩みがスッキリわかる
……………………………………65

201 **プロカウンセラーの聞く技術** ………………………… 66
東山 紘久 著　創元社

202 **夜と霧［新版］** ………………………………………… 68
ヴィクトール・E・フランクル 著　池田 香代子 訳　みすず書房

203 **自分をみつめる心理学** ………………………………… 70
串崎 真志 著　北樹出版

204 **改訂版　アサーション・トレーニング**
−さわやかな〈自己表現〉のために ………………… 72
平木 典子 著　日本・精神技術研究所

205 **変化の第一歩** −日常生活やセラピーを変える実践ガイド …… 74
ビル・オハンロン 著　串崎 真志 監訳　永井 知子・酒井 隆 訳
金剛出版

206 **オープニングアップ** −秘密の告白と心身の健康 …… 76
ジェームズ・W・ペネベーカー 著　余語 真夫 監訳　北大路書房

207 **個性はどう育つか** ……………………………………… 78
菅原 ますみ 著　大修館書店

208 **スヌープ！** −あの人の心ののぞき方 ……………… 79
サム・ゴズリング 著　篠森 ゆりこ 訳　講談社

209 **はじめて学ぶパーソナリティ心理学** −個性をめぐる冒険 …… 80
小塩 真司 著　ミネルヴァ書房

210 **パーソナリティと臨床の心理学** −次元モデルによる統合 …… 82
杉浦 義典・丹野 義彦 共著　培風館

211 **自傷行為の理解と援助** −「故意に自分の健康を害する」若者たち … 84
松本 俊彦 著　日本評論社

212 **侵入思考** −雑念はどのように病理へと発展するのか …… 86
デイビッド・A・クラーク 著　丹野 義彦 訳／監訳
杉浦 義典・小堀 修・山崎 修道・高瀬 千尋 訳　星和書店

213 精神症候学 ［第 2 版］ ……………………………………… 88
濱田 秀伯 著　弘文堂

214 アナログ研究の方法 ……………………………………………… 90
下山 晴彦 編　杉浦 義典 著　新曜社

215 心理テスト －理論と実践の架け橋 …………………………… 92
トーマス・P・ホーガン 著　繁桝 算男・椎名 久美子・石垣 琢磨 共訳
培風館

216 臨床社会心理学の進歩 －実りあるインターフェイスをめざして …… 94
ロビン・M・コワルスキ、マーク・R・リアリー 編著
安藤 清志・丹野 義彦 監訳　北大路書房

217 認知療法実践ガイド　基礎から応用まで
－ジュディス・ベックの認知療法テキスト ……………………… 96
ジュディス・S・ベック 著　伊藤 絵美・神村 栄一・藤澤 大介 訳
星和書店

218 図解による学習理論と認知行動療法 ………………………… 98
福井 至 編著　培風館

219 精神療法面接のコツ ……………………………………………… 100
神田橋 條治 著　岩崎学術出版社

220 方法としての行動療法 ………………………………………… 101
山上 敏子 著　金剛出版

221 行動分析学入門 ………………………………………………… 102
杉山 尚子、島宗 理、佐藤 方哉、リチャード・W・マロット、
マリア・E・マロット 著　産業図書

222 ころんで学ぶ心理療法 －初心者のための逆転移入門 …… 104
遠藤 裕乃 著　日本評論社

223 精神分析学入門（I・II）………………………………………… 106
ジークムント・フロイト 著　懸田 克躬 訳　中央公論新社

第 3 章

脳と心のつながりを解き明かす ……………………………… 109

301 ミラーニューロン ……………………………………………… 110
ジャコモ・リゾラッティ、コラド・シニガリア 著
柴田 裕之 訳　茂木 健一郎 監修　紀伊國屋書店

302 脳の中の身体地図
―ボディ・マップのおかげでたいていのことがうまくいくわけ …… 112
サンドラ・ブレイクスリー、マシュー・ブレイクスリー 著
小松 淳子 訳　インターシフト

303 社会化した脳 …… 114
村井 俊哉 著　エクスナレッジ

304 人間らしさとはなにか？
―人間のユニークさを明かす科学の最前線 …… 116
マイケル・S・ガザニガ 著　柴田 裕之 訳　インターシフト

305 シナプスが人格をつくる ―脳細胞から自己の総体へ …… 118
ジョセフ・ルドゥー 著　森 憲作 監修　谷垣 暁美 訳　みすず書房

306 イラストレクチャー認知神経科学
―心理学と脳科学が解くこころの仕組み …… 120
村上 郁也 編　オーム社

307 生理心理学 ―人間の行動を生理指標で測る …… 122
堀 忠雄 著　培風館

308 高次脳機能障害学 …… 124
石合 純夫 著　医歯薬出版

309 脳のふしぎ ―神経心理学の臨床から …… 126
山鳥 重 著　そうろん社

310 脳の学習力 ―子育てと教育へのアドバイス …… 128
サラ=ジェイン・ブレイクモア、ウタ・フリス 著
乾 敏郎・山下 博志・吉田 千里 訳　岩波書店

第4章 学ぶこと・成長することを分析する …… 131

401 やさしい教育心理学 [改訂版] …… 132
鎌原 雅彦・竹綱 誠一郎 著　有斐閣

402 授業を支える心理学 …… 134
スーザン・ベンサム 著　秋田 喜代美・中島 由恵 訳　新曜社

403 ワードマップ 認知的個性 ―違いが活きる学びと支援 …… 136
松村 暢隆・石川 裕之・佐野 亮子・小倉 正義 編　新曜社

404 状況に埋め込まれた学習 ―正統的周辺参加 …… 138
ジーン・レイヴ、エティエンヌ・ウェンガー 著
佐伯 胖 訳　福島 真人 解説　産業図書

| 405 | **「わざ」から知る** ……………………………………………… 140
生田 久美子　著　　東京大学出版会
| 406 | **人が学ぶということ** －認知学習論からの視点 …………… 142
今井 むつみ・野島 久雄　著　　北樹出版
| 407 | **まなざしの誕生 [新装版]** －赤ちゃん学革命 ……………… 144
下條 信輔　著　　新曜社
| 408 | **ようこそ！青年心理学**
－若者たちは何処から来て何処へ行くのか ………………………… 146
宮下 一博　監修　松島 公望・橋本 広信　編　　ナカニシヤ出版
| 409 | **知能** ……………………………………………………………… 148
イアン・ディアリ　著　繁桝 算男　訳　松原 達哉　解説　　岩波書店
| 410 | **IQってホントは何なんだ？** －知能をめぐる神話と真実 ……… 149
村上 宣寛　著　　日経BP社
| 411 | **人を伸ばす力** －内発と自律のすすめ ……………………… 150
エドワード・L・デシ、リチャード・フラスト　著　桜井 茂男　監訳
新曜社
| 412 | **発達障害の臨床心理学** ………………………………………… 152
東條 吉邦・大六 一志・丹野 義彦　編　　東京大学出版会

第5章

「わかりやすさ」のメカニズムを科学する …………… 155

| 501 | **不思議現象** －なぜ信じるのか　こころの科学入門 ……… 156
菊池 聡・谷口 高士・宮元 博章　編著　　北大路書房
| 502 | **錯覚の世界** －古典からCG画像まで ……………………… 158
ジャック・ニニオ　著　鈴木 光太郎・向井 智子　訳　　新曜社
| 503 | **意識** ……………………………………………………………… 160
スーザン・ブラックモア　著　信原 幸弘・筒井 晴香・西堤 優　訳
信原 幸弘　解説　　岩波書店
| 504 | **ビジョン** －視覚の計算理論と脳内表現 …………………… 162
デビッド・マー　著　乾 敏郎・安藤 広志　訳　　産業図書
| 505 | **認知心理学** ……………………………………………………… 163
箱田 裕司・都築 誉史・川畑 秀明・萩原 滋　著　　有斐閣
| 506 | **認知研究の技法** ………………………………………………… 164
海保 博之・加藤 隆　編著　　福村出版

507 日常認知の心理学 166
井上 毅・佐藤 浩一 編著　　北大路書房

508 デザインド・リアリティ －半径300メートルの文化心理学 168
有元 典文・岡部 大介 著　　北樹出版

509 アフォーダンス －新しい認知の理論 170
佐々木 正人 著　　岩波書店

510 誰のためのデザイン？ －認知科学者のデザイン原論 172
ドナルド・A・ノーマン 著　野島 久雄 訳　　新曜社

511 エモーショナル・デザイン －微笑を誘うモノたちのために 174
ドナルド・A・ノーマン 著
岡本 明・安村 通晃・伊賀 聡一郎・上野 晶子 訳　　新曜社

512 環境心理学 －人間と環境の調和のために 176
梅本 堯夫・大山 正 監修　羽生 和紀 著　　サイエンス社

513 脳は絵をどのように理解するか －絵画の認知科学 178
ロバート・L・ソルソ 著　鈴木 光太郎・小林 哲生 共訳　　新曜社

514 音は心の中で音楽になる －音楽心理学への招待 180
谷口 髙士 編著　　北大路書房

515 言語を生みだす本能（上・下） 182
スティーブン・ピンカー 著　椋田 直子 訳　　NHK出版

516 言語と思考 184
ニック・ランド 著　若林 茂則・細井 友規子 訳　　新曜社

517 クリティカル進化論（シンカー） －『OL進化論』で学ぶ思考の技法 186
道田 泰司・宮元 博章 著　秋月 りす マンガ　　北大路書房

第6章

人間関係の駆け引きを学ぶ
...... 189

601 なぜ人は他者が気になるのか？ －人間関係の心理 190
永房 典之 編著　　金子書房

602 自己意識的感情の心理学 192
有光 興記・菊池 章夫 編著　　北大路書房

603 自分を見つめる自分 －自己フォーカスの社会心理学 194
押見 輝男 著　　サイエンス社

604 恋ごころの科学 195
松井 豊 著　　サイエンス社

605 **影響力の武器［第二版］**－なぜ、人は動かされるのか ･････････････････ 198
　　　ロバート・B・チャルディーニ　著　社会行動研究会　訳　　誠信書房

606 **孤独の科学**－人はなぜ寂しくなるのか ･･････････････････････････････ 200
　　　ジョン・T・カシオポ、ウィリアム・パトリック　著　柴田 裕之　訳
　　　河出書房新社

607 **顔は口ほどに嘘をつく** ･･ 202
　　　ポール・エクマン　著　菅 靖彦　訳　　河出書房新社

608 **その科学が成功を決める** ･･･ 204
　　　リチャード・ワイズマン　著　木村 博江　訳　　文藝春秋

609 **広告心理** ･･ 207
　　　仁科 貞文・田中 洋・丸岡 吉人　著　　電通

610 **日本一わかりやすい価格決定戦略**－売りたいのなら、
　　　値下げはするな！　価格設定と消費者心理のマーケティング ･･･････ 208
　　　上田 隆穂　著　　明日香出版社

611 **排斥と受容の行動科学**－社会と心が作り出す孤立 ････････････････ 210
　　　浦 光博　著　　サイエンス社

612 **孤独なボウリング**－米国コミュニティの崩壊と再生 ･･･････････････ 213
　　　ロバート・D・パットナム　著　柴内 康文　訳　　柏書房

613 **進化と人間行動** ･･･ 214
　　　長谷川 寿一・長谷川 眞理子　著　　東京大学出版会

614 **消えるヒッチハイカー［新装版］**－都市の想像力のアメリカ ･････ 216
　　　ジャン・ハロルド・ブルンヴァン　著
　　　大月 隆寛・菅谷 裕子・重信 幸彦　訳　　新宿書房

615 **グラフィック社会心理学［第2版］** ･･････････････････････････････ 219
　　　池上 知子・遠藤 由美　共著　　サイエンス社

第7章

現代の心の闇を照らし出す ･･･････････････････････････ 221

701 **犯罪・非行の心理学** ･･･ 222
　　　藤岡 淳子　編　　有斐閣

702 **服従の心理** ･･･ 224
　　　スタンレー・ミルグラム　著　山形 浩生　訳　　河出書房新社

703 **攻撃の心理学** ･･ 227
　　　バーバラ・クラーエ　著　秦 一士・湯川 進太郎　編訳　　北大路書房

704 **ストーカーの心理** －治療と問題の解決に向けて ················ 228
ポール・E・ミューレン、ミシェル・パテ、ローズマリー・パーセル　共著
詫摩 武俊　監訳　安岡 真　訳　　サイエンス社

705 **非行の原因［新装版］**
－家庭・学校・社会のつながりを求めて ································· 232
トラヴィス・ハーシ　著　森田 洋司・清水 新二　監訳　　文化書房博文社

706 **犯罪捜査の心理学** －プロファイリングで犯人に迫る ············· 235
越智 啓太　著　　化学同人

707 **対人関係のダークサイド** ··· 236
加藤 司・谷口 弘一　編著　　北大路書房

708 **抑圧された記憶の神話** －偽りの性的虐待の記憶をめぐって ········ 238
エリザベス・F・ロフタス、キャサリン・ケッチャム　著　仲 真紀子　訳
誠信書房

709 **名誉と暴力** －アメリカ南部の文化と心理 ·································· 240
リチャード・E・ニスベット、ドヴ・コーエン　著
石井 敬子・結城 雅樹　編訳　　北大路書房

第8章
大学で学ぶ＆資格をめざす ··············· 243

801 **心理学辞典** ·· 244
中島 義明・安藤 清志・子安 増生・坂野 雄二・
繁桝 算男・立花 政夫・箱田 裕司　編集　　有斐閣

802 **心理学［第3版］** ·· 246
鹿取 廣人・杉本 敏夫・鳥居 修晃　編　　東京大学出版会

803 **ヒルガードの心理学［第14版］** ·· 248
エドワード・E・スミス、スーザン・ノーレン＝ホークセマ、
バーバラ・L・フレデリックソン、ジェフリ・R・ロフタス　著
内田 一成　監訳　　おうふう

804 **心理学史** －現代心理学の生い立ち ·· 250
梅本 堯夫・大山 正　監修　大山 正　著　　サイエンス社

805 **理系人に役立つ科学哲学** ·· 251
森田 邦久　著　　化学同人

806 **ワードマップ 質的心理学** －創造的に活用するコツ ·················· 252
無藤 隆・やまだ ようこ・南 博文・麻生 武・サトウタツヤ　編　　新曜社

807	**心理学研究法** －心を見つめる科学のまなざし ………………… 254
	高野 陽太郎・岡 隆 編　　有斐閣
808	**心理統計学の基礎** －統合的理解のために ………………………… 256
	南風原 朝和 著　　有斐閣
809	**多変量データ解析法** －心理・教育・社会系のための入門 ………… 258
	足立 浩平 著　　ナカニシヤ出版
810	**誰も教えてくれなかった因子分析** －数式が絶対に出てこない因子分析入門 …………………………… 260
	松尾 太加志・中村 知靖 著　　北大路書房
811	**問題集　自分でできる学校教育心理学** ……………………………… 262
	大野木 裕明・二宮 克美・宮沢 秀次 著　　ナカニシヤ出版

大学で学ぶ＆資格をめざす　その他のおすすめ本 ………………… 263

監修者・著者略歴 ……………………………………………………… 268

Tips1	心理学の世界を探索するマップ ………………………… 24
Tips2	心理学でメシは食えるのか？ …………………………… 64
Tips3	恋の相談とカウンセリングの間 ………………………… 108
Tips4	心理学は文系か理系か …………………………………… 130
Tips5	文献のちょっと賢い読み方 ……………………………… 154
Tips6	英語から逃げてはいけない理由 ………………………… 188
Tips7	自分に優しくするトレーニング ………………………… 199
Tips8	「顔が良いと得か？」の心理学 ………………………… 220
Tips9	犯罪心理学ドラマはどこまで本物か？ ………………… 242
Tips10	「エセ心理学本」にだまされるな！ …………………… 266

執筆者
- **H**…服部 環 (はっとり たまき)
- **O**…越智啓太 (おち けいた)
- **T**…徳田英次 (とくだ ひでじ)
- **N**…荷方邦夫 (にかた くにお)
- **M**…望月 聡 (もちづき さとし)

- 本書に掲載した書籍の書誌情報は、2011年2月現在の情報によるものです。
- 表示定価は消費税（5%）込みの価格です。
- 新書・文庫の発行元出版社は以下のとおりです。

朝日文庫	朝日新聞出版
岩波新書	岩波書店
岩波ジュニア新書	岩波書店
幻冬舎文庫	幻冬舎
講談社現代新書	講談社
ブルーバックス	講談社
講談社文庫	講談社
講談社＋α文庫	講談社
光文社新書	光文社
新潮新書	新潮社
新潮文庫	新潮社
ちくま新書	筑摩書房
ちくま学芸文庫	筑摩書房
中公新書	中央公論新社
中公文庫	中央公論新社
日経ビジネス人文庫	日本経済新聞出版社
ハヤカワ新書juice	早川書房
ハヤカワ・ノンフィクション文庫	早川書房
PHP新書	PHP研究所
文春新書	文藝春秋
平凡社新書	平凡社

装丁●ヤマシタツトム
本文デザイン・DTP●新田由起子・川野有佐（ムーブ）

第❶章

1000円以下ですごい！
イチオシ新書・文庫

101

サブリミナル・マインド
潜在的人間観のゆくえ

下條 信輔 著

中公新書　1996年　840円

本当に自分のことは自分が一番よく知っているのか

　よく「自分のことは自分が一番よく知っているのだから」といわれることがある。また、「自分のことは自分で決める」ともいわれる。これは、自分の行動は自分が自由意志で決定するという意味も含んでいる。では、本当にそうなのであろうか？

　人間の心を科学的に解明していこうという試みの中で、この問題について初めてメスを入れたのはおそらくフロイトである。彼は、われわれの行動は意識の背後に隠されている無意識というシステムによってかなりの部分左右されている、いや、われわれの行動はある意味、無意識によって支配されているということを示したのであった。もちろん、フロイトの理論は多くの支持を得たが、それと同じかそれ以上の批判も引き起こしたのは皆さんもご存じのとおりである。

　さて、フロイトの時代から100年以上たち、心理学は洗練された研究方法と分析手法を手に入れ、莫大な数の研究をつけ加えてきた。では、現在フロイトのアイディアはどうなっているのだろうか。われわれは「自由意志」を回復できたのだろうか。

　実はできなかったのだ。むしろ、これらの研究が明らかにしてきたのは、人間は自分自身をいかに知っていないか、そして、自分のあずかり知らぬところで動いている心的なメカニズムによって、いかにその行動が左右されてしまっているのか、ということであった。

本書は、知覚心理学や社会心理学、認知心理学など心理学のさまざまな分野で明らかになってきたこのテーマを横断的にわかりやすくまとめた「テーマを持った」心理学入門書である。

　全体で９講からなる本書であるが、それぞれの講（章）でこの問題に関するさまざまな理論、実験が紹介され、関連する心理学研究の最前線の知識がわかりやすく頭に入ってくるようになっている。たとえば、５講、タイトルは「忘れたが覚えている」。ここでは自分がその情報を習得したことはすっかり忘れてしまっているが、その情報によって行動が影響を受けてしまっている現象が紹介される。心理学用語でいえば潜在記憶の問題である。続く６講、タイトルは「見えないのに見えている」、ここでは、見えている意識がまったくないにもかかわらずその情報によって行動が影響を受けてしまっている現象が紹介される。**この本のタイトルは「サブリミナル・マインド」だが、この言葉を聞いて多くの人が思いつくサブリミナル効果がその良い例だ。極めて短い時間提示された刺激が本人の意識を経由しないで行動に影響を与える現象である。**そして、７講「操られる『好み』と『自由』」では、われわれがまさに自由意志で行っていると考えている各種の選択が実はこの種の意識されないプロセスによっていかに影響を受けているかがわかり衝撃である。そして、圧巻なのは９講「私の中の悪魔」である。ここでは、自分の行動を実は自分自身では正確に理解もコントロールもできていないという心理学の知識から社会観、刑罰観にまで切り込んでいくのである。🄾

> ▶ 潜在記憶／サブリミナル知覚／脳／自由意志
> ▶ 人間は本当に自分のことをよく知っていて、自分の行動をコントロールできているのだろうか？

さらに知識を深めたい人に
☐『サブリミナル・インパクト―情動と潜在認知の現代』　下條信輔著
　ちくま新書　2008年　945円

102
心理学で何がわかるか

村上 宣寛　著

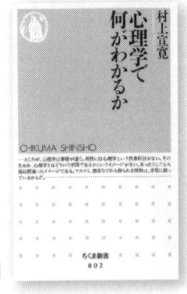

ちくま新書　2009年　861円

心理学が解明した「本当のこころの姿」を知る本

　相変わらず心理学を学びたい学生は多いらしく、たいていの大学で心理学科は人気である。飯を食わせてもらうこちらはありがたいが、残念ながら入学した学生にはあまり評判がよろしくない。かなりの数の学生が、「思っていた心理学と違う」と感じるらしいのだ。

　彼らの言い分は、「心理学を勉強すれば相手の気持ちがわかるようになり、悩んでいる人を助けて喜ばれるから来たのに違う。だって本にそう書いてあったんだもん」である。しかしその思いは、1年生の「心理学概論」でたいてい打ち砕かれる。高校までに習う理科や社会の知識のように、大学で学ぶ心理学も正しいけれど面白いとは限らない。世の中に出回る心理学の知識・常識と、実際の学問としての世界があまりにも違うのだ。

　このギャップを埋め続ける「孤高の巨人」が村上センセイである。『心理テストはウソでした』 ➡118 で世に出回る「心理テスト」はおろか、心理学の世界で通用するテストさえもブッタ斬り、返す刀の『IQってホントは何なんだ？』 ➡410 で知能にまつわる常識を斬った。希望に燃えた新入生には意地の悪い先生だが、われわれ心理学者にとってその真面目な心理学への姿勢は、ジャンヌ・ダルクのように（男性だけど）頼れるのだ。

　センセイはそんな世の中の常識を、詰め将棋のようにジワジワと追いつめていく。トラウマは抑圧される、うつ病の治療には薬物療

法が効果的である、女性は自分を最も愛してくれる人をパートナーに選ぶ。どれも正しいように見えるのだが、実際のデータはそれを裏付けない。むしろ違う事実がごっそりと出てくるのである。これらの俗説の多くは、特定の目立つ現象に対する人間の直感的なイメージによって作られたり、古い科学的ではない研究から生まれたものであったりする。**それでもなお強固に信じられるのは、俗説がわれわれにとって受け入れやすいもの、都合の良いものだからである。**

　これら直感的に感じられる人間の常識が、さまざまなデータによって間違っているとされることは日常茶飯事である。しかし面白いことに、最終的に誤っていると判断された心理学の常識が、実はもともと心理学の真面目な研究の成果であることも多い。心理学の進歩や技術の発展が、それまで正しいとされた理論を覆したり、修正したりするのである。それは地動説のコペルニクスや、ニュートン力学を修正したアインシュタインのように、科学では当たり前の現象でしかない。村上はその当たり前が、130年を超える心理学の歴史の中で続いているということをわれわれに対し伝えるのである。

　ちなみに大学で心理学を教える筆者も、「先生の講義を受講していたら、何だか夢が壊れました」と毎年のように愚痴られる。そう、心理学は人間の心を尋ねればたちどころに答えが出る「打ち出の小槌」ではない。わかることもあればわからないこともあり、わかったとしても期待に添うものとは限らないのだ。N

- ▶ 心理学の俗説／疑似科学と「科学的」心理学
- ▶ 期待に添えるとは限らないが、ほんものの人間の心理に迫る

さらに知識を深めたい人に

- □『心理学ってどんなもの』　海保博之著　岩波ジュニア新書　2003年　777円
- □『チビクロこころ—中学生高校生のための心理学入門』　森まりも著　北大路書房　1999年　1,470円

なぜ、「あれ」が思い出せなくなるのか
記憶と脳の7つの謎

The Seven Sins of Memory: How the Mind Forgets and Remembers
ダニエル・L・シャクター　著　春日井晶子　訳
日経ビジネス人文庫　2004年　730円

最先端の記憶研究をわかりやすく紹介

　人間の記憶の研究は100年以上前、エビングハウスという心理学者によって始められた。研究の初期、エビングハウスは無意味綴りという意味を持たないアルファベットの組合せを用いて記憶の謎に迫ろうとした。いったい人間はどのくらいのものを記憶することができるのか、どのくらいの時間で忘れてしまうのか、などの研究である。

　エビングハウスが無意味綴りを使った理由は、意味のある単語や図形などを使用するよりも、被験者の過去の体験によってあまり影響を受けず、より客観的に記憶現象を明らかにすることができると考えたからだ。つまり、実験室的に条件をできるだけ統制して研究を行ったのだ。彼の研究は、確かに記憶現象についての重要な知識をもたらしてくれた。

　しかし、彼の実験はそれがあまりにも人工的な材料を使って日常生活における記憶現象とは切り離された条件で行われたため、そもそもわれわれが知りたいような記憶の問題に答えを出せるようなものではなかった。われわれの知りたい問題、それはたとえばこんな問題だ。「**どうして年を取ると記憶が衰えるのか**」「**衰えないためにはどうすればよいのか**」「**なぜ、失恋の体験や嫌なことはなかなか忘れることができないのか**」「**なぜ英単語をなかなか覚えることができないのか**」「**人の名前がよく思い出せないのはなぜか**」「**あの人**

の記憶力はいいのになぜ自分の記憶力は悪いのか」、などなど。

　もちろん、エビングハウスの研究はそのための第1ステップではあったが、まだまだ先はあまりにも長いように思われた。

　さて、それから100年がたった。その間、世界中で多くの研究者がエビングハウスの始めた研究を少しずつ発展させてきた。そしてようやく、ここ数年になって、われわれが最初に抱いたような記憶の問題を直接解決していくだけの道具立てと知識が蓄積されたのである。

　この本は、ハーバード大学教授で記憶研究においては第一人者であるシャクターが現段階、まさに2000年代に入ってから行われた研究まで引用しながら、これらの問題の現状を説明したものである。

　全体は8つの章に分かれているが、そのうち最初の7つの章は、それぞれ記憶システムの重要な機能的側面に対応している。第一に取り上げられているのは、物忘れ、なぜずっと覚えていられないのかという問題である。これは専門的には忘却の問題である。続いて、なぜ予定や、ふと置いた眼鏡の場所がわからなくなってしまうのかなどの注意に関する問題、第三になぜ人の顔は思い出せるのに名前を思い出すことができないのかの問題、第四にデジャヴのように実際に見たことのないものを見たことがあるように感じることがある問題、これは自分の記憶のモニタリングの問題である、第五は、実際にはやっていなかった犯罪を自白したり、体験していなかった出来事を思い出したりする偽の記憶現象はなぜ起こるのかの問題、第六は、過去の記憶を自分の都合の良いように作り替えるメカニズムについて、そして第七に、なぜ嫌な出来事を忘れられないのかの問題について検討される。

　説明される現象は最先端のものではあるが、語り口は極めて平易でわかりやすい。また、難解で抽象的な専門用語でなく、具体例によって話を進めるので直感的にもわかりやすい。取り上げられている具体的なエピソードの数々は、それ自体大変面白いものである。
たとえば、全米記憶選手権大会チャンピオンの27歳の女性は莫大

な量の項目を記憶することができるが、日常生活では忘れっぽく、付箋に頼って生活しているという例。これは、このようなコンテストで要求される記憶と日常生活を遂行するときに要求される記憶は異なったもので、後者のプロセスはむしろ「注意」だからである。

また、1992年アムステルダムのスキポール空港を飛び立った貨物機がエンジン故障によって空港近くの11階建てのアパートに激突した事故の例。この事故はテレビでは大きく報道されたが、報道されたのは激突後の話で激突の瞬間の映像は存在しない。それにもかかわらず、アンケート調査をすると、55％もの人が激突の瞬間の映像を確かに見たと答えたという。これはわれわれの記憶が実際には見ていないものをイメージとして再構成して、容易に見たように思ってしまうことの例示となっている。

最後にこの本の特徴として挙げたいのは、伝統的な心理学実験的なテクニックによって解明されたことだけでなく、fMRIなどの能イメージングの研究によって明らかになった成果も豊富に取り入れられている点である。関連して、脳画像からウソを見破る新世代の嘘発見器は可能かなどという議論も展開される。

記憶研究の面白さを知るには、そして研究の最先端を知るためには、欠かすことのできない本だといえるだろう。

▶ 記憶／脳科学／忘却／加齢と記憶
▶ 記憶に関する科学的研究の最先端をわかりやすく解説

さらに知識を深めたい人に

- 『記憶の生涯発達心理学』　太田信夫・多鹿秀継編著
  北大路書房　2008年　4,410円
- 『自伝的記憶の心理学』　佐藤浩一・越智啓太・下島裕美編著
  北大路書房　2008年　2,940円

104

学ぶ意欲の心理学

市川伸一　著

PHP 新書　2001 年　756 円

学ぶ意欲はどこにあるか？　交錯する意見とのタッグマッチ

　意欲ややる気といったものを、心理学では動機づけといい、古くからたくさんの研究を積み重ねてきた。心理学の積み重ねの中で出来上がった大きな筋は、動機づけには内発的なものと外発的なものがあること。学習などの場面で長期的・適応的な動機づけには内発的なもののほうがより好ましい結果を引き出しやすいことの2つといっていい。著者の市川もまたその大筋にのっとってきた、いわばスタンダードな教育心理学者である。

　この市川の立場に異を唱える2人、一人は精神科医で受験のプロ和田秀樹。もう一人は教育学の重鎮苅谷剛彦。それぞれの批判を受けて立ち、討論の中からお互いの立場を踏まえてさらに発展させる。市川は、哲学でアウフヘーベン（止揚）と呼ばれるプロセスを経て、よりよい動機づけのあり方にはどうしたらよいのかを改めて論じている。動機づけ研究の本としてだけでなく、研究や人間の発展のあり方についても学べる独特な本といえるだろう。**N**

> ▶ 新しい教育の中で、動機づけはどうとらえられ、どう活かされるか

さらに知識を深めたい人に
- 『やる気はどこから来るのか―意欲の心理学理論』　奈須正裕著　北大路書房　2002 年　1,260 円

105

勉強法が変わる本
心理学からのアドバイス

市川伸一 著

岩波ジュニア新書　2000年　819円

教育の現場から生まれた、学ぶ側の立場に立った勉強法

　私たちのほとんどが、長い学校生活で学習のつまずきを経験したことがあると思う。何が何だかわからない。何がわからないのかもわからない。学ぶ側、教える側のいずれにとっても、いかにこれを避けるかは興味のある問題である。

　著者の市川は、20年近くにわたり「認知カウンセリング」という学習相談を続けている。認知カウンセリングは生徒の学習のつまずきに対して、つまずきがどこにあるかを突き止め、適切な学習の支援を与えるものである。**長年の活動は、勉強がわからなくなる生徒の学び方の特徴をいくつも見いだし、これらに対してどのような支援を与えるかについての膨大な知恵を蓄積した。**本書は、これらの蓄積から得た、私たちの学習に対するヒントである。具体例の使い方、理解を促すノートの例、図表や説明をどう利用するか。これら多くのアドバイスの中から、自分にできそうないくつかを試すだけでも、きっと学習が変わるに違いない。N

▶ 学び方を工夫するだけで、あなたの勉強が大きく変わる

さらに知識を深めたい人に
□ 『教室でどう教えるかどう学ぶか―認知心理学からの教育方法論』
　吉田甫・栗山和広編著　北大路書房　1992年　2,447円

106

オプティミストは
なぜ成功するか

Learned Optimism: How to Change Your Mind and Your Life
マーティン・セリグマン　著
山村 宜子　訳

講談社文庫　1994年　660円

悲観主義者より楽観主義者のほうが成功しやすい

　著者のセリグマンは学習性無力感の研究で最も知られるアメリカ心理学会会長を務めた人物で、現在はポジティブ心理学の中心的な役割を果たしている。これまで応用心理学の領域では、臨床心理学など心理的な障害や異常の理解や問題の解決に焦点が向けられてきた。これに対してポジティブ心理学は、幸福感や精神的健康とは何か、それらを高めるための心理学的知識と方法、また心理的な障害や問題を予防するための心理学的知識と方法を研究対象とする。

　本書はポジティブ心理学の始まりとなった楽観主義の効用を取り上げた本である。原題は著者の学習性無力感（Learned Helplessness）を知っていれば納得できる。無力感が学習によって獲得されるのと同様に、楽観主義も学習によって獲得される。**本書はただやみくもな楽観主義を礼賛する本ではなく、楽観主義の持つ強みを理解して使いこなすこと、いかにして強みを獲得し伸ばすかを説いており、著者の方法は楽観主義的思考という目標を持った認知療法であるといえるだろう。**主に心理的な面でさらに心理的な健康や能力を高めることを目的としてその理論や方法を伝える分野は「自己啓発」と呼ばれる。自己啓発を勧める本の中には根拠が本人の直感や個人的体験のみに基づいており、クリティカル・シンキングの観点から問題のある本が多い。本書はクリティカル・シンキングの観点からも読むに堪える数少ない自己啓発本の一つである。Ⓣ

Tips 1

心理学の世界を探索するマップ

　誰でも、うれしい自分、悲しい自分、泣きたい自分、人を妬む自分、人を励ましている自分、悩みの相談に乗っている自分、集中力に欠ける自分、一所懸命に何かを考えている自分、小さいときの出来事を必死に思い出そうとしている自分に気づくことができると思う。このとき心の動きを推論して、その結論を他者へ一般化できれば心理学に一歩踏み込んだことになる。だから、心理学は万人の学といわれる。私もこの意見に同意するが、別の意味でも心理学は万人の学だと思っている。

　物理学を修めることができるかどうかを考えてみてほしい。物理学を好きではないにしても、数学が苦手では物理学を修めるのは厳しい。英文学や生物学はどうだろうか。英文を読むのが苦手な人は英文学を修めるのは難しいし、生き物に興味がないなら、生物学の道へ進んでも途中で飽きてしまうであろう。医師の道はどうか。たとえ対人関係が苦手でも、基礎医学の研究者や厚生労働省の医系技官として医療行為を伴わない医師として活躍できる。しかし、誰でも国家試験の受験資格を得られるとは限らない。お気づきのように、物理学、数学、英文学、生物学、医学などは、どれも特別なセンスや能力を必要とする分野であり、万人がそれを修めるのは難しい。でも、心理学なら誰でもできると思う。

　心理学に関係する学会が日本には50団体くらいはあると聞くので、細分化すれば50くらいの心理学があることになる。その分類のしかたはいろいろとあるが、ここでは「文系」と「理系」、「硬い」と「柔らかい」を軸にして分けてみた。心理学を知らずにこの世界に飛び込んだ人は、どの分野に関心を持てるだろうか。

　本書を手にした方は心理学に関心を持っていると思うが、大学の講義で心理学に接したばかりの人は、自分が期待していた心理学と違うことに気づいて強い不満を持つことがある。そのときは、第1章を読んでみよう。興味をそそるテーマがきっと見つかる。**H**

図中の言葉は心理学の各分野を表している。
心理学と関係の深い学問分野も配置してみた（ ■ で表示）。

「理系」：理系学問で得られた知見や技術を研究で用いたり、理系学問と連携を取りながら研究を進める心理学。

「文系」：「理系」以外の心理学。

「硬い」：人の心の動きとは比較的独立して理論や技術を構築していく心理学、あるいは厳密な統制下で実験を行っていく心理学。

「柔らかい」：研究者と研究協力者の相互作用の中で理論を構築していく心理学。

柔らかい

§6 人間関係の駆け引きを学ぶ
§2 あなたの心の悩みがスッキリわかる
§5「わかりやすさ」のメカニズムを科学する

福祉・医療
福祉
障害
臨床

経済学
観光
災害
健康

交通
広告
消費者
産業・組織
感情
家族
パーソナリティ
非行
犯罪
被害者

スポーツ

環境
芸術
老年
乳児
幼児
異常
法

情報
工学
教育工学
人間工学
感性工学

恋愛
集団
社会
青年

矯正
質的
社会学
教育学

§7 現代の心の闇を照らし出す

進化
認知 言語 文化
教育
学校
哲学

理系 ─────────────── 文系

動物
比較
生物学

感覚
知覚

政治

宗教

脳科学 薬学
薬理
神経
生理
生理学

§3 脳と心のつながりを解き明かす

学習

§4 学ぶこと・成長することを分析する

テスト理論
計量
数学 数理

理論

§8 のうち心理統計や心理学研究法

§1 イチオシ新書・文庫

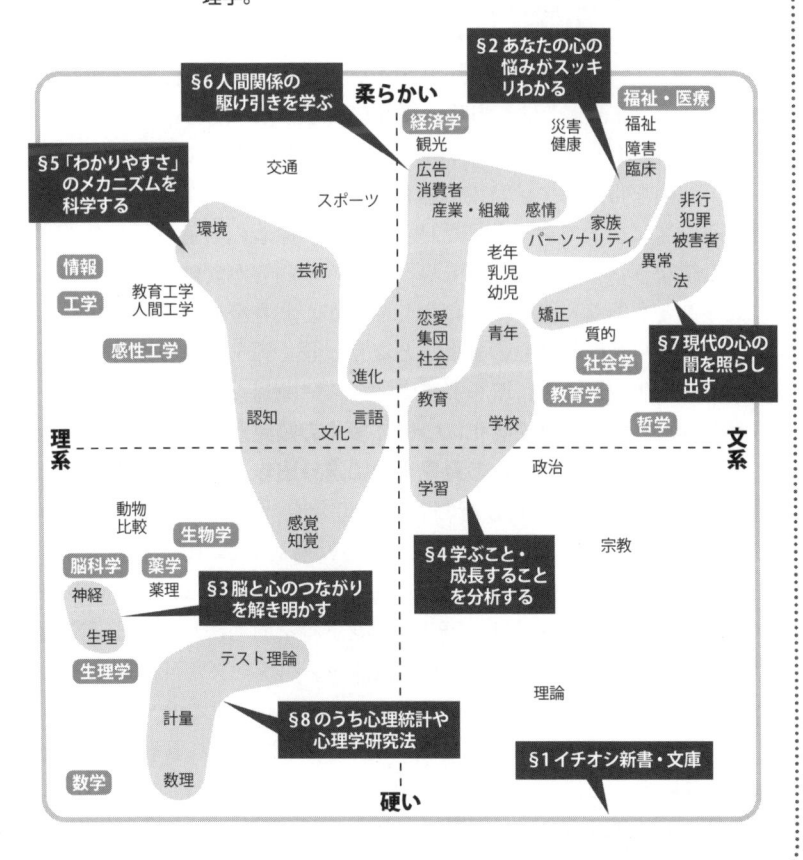

硬い

107

新・脳の探検（上・下）
脳・神経系の基本地図をたどる
脳から「心」と「行動」を見る

Brain, Mind, and Behavior
フロイド・E・ブルームほか 著
中村 克樹・久保田 競 監訳

ブルーバックス　2004年　各2,100円

伝統の名著の改訂版。脳神経科学のわかりやすい入門書

　1985年、ブルームが世に送り出した脳神経科学の名著 "Brain, Mind, and Behavior" は、当時の脳神経科学の最も新しく、そしてどの教科書よりも美しい図版が多用された教科書として出版当時から高い評価を得た。アメリカに遅れること2年。その頃としては非常に速いスピードで翻訳された日本語版も、原著の素晴らしさをまったく損なうことなく、しかも専門書並みの内容が安価な新書で手に入ることもあり、脳や神経に少しでもかかわりを持つ多くの学生、医療・社会福祉関係者らの必携書となり、長く版を重ね続けた。

　本書が出版された後、脳神経科学はさらに急速な発展を遂げる領域となった。**脳の発達や老化について多くの知見が見いだされ、脳に関する遺伝子研究が数々の発見を世に送り出し、そして研究のためのさまざまな技術革新が行われた。**80年代当時、まだ脳波が脳の機能計測の主流であり、放射線を使った断層撮影（CT）がようやくあちこちの大病院に導入された頃である。その後20年、fMRI（機能的核磁気共鳴断層法）、PET（ポジトロン断層法）、NIRS（光機能画像法）といったさまざまな脳機能イメージングが可能になり、その劇的な変化は一言では語り尽くせない。これに合わせて本書も丁寧に改訂を続け、この『「新」脳の探検』は2001年に刊行された原著第3版をもとにしている。

　初版で上下巻計650ページ弱だったものが、新版では794ページ

と2割以上の充実ぶりである（その分ちょっと高くなったが…）。新版では研究の進展に伴い、脳の生涯発達が新たに付け加えられ、感覚や運動、記憶や学習といった領域がさらに充実した。ページの増加に伴い図版も増え、最新の fMRI や PET による画像、実験データなども追加されただけでなく、英語ではあるがウェブ上で実験などをできるようになり、また別売で 3D 画像や動画などを見ることができる CD-ROM にもアクセス可能である。マルチメディア教材としての実力も大きく向上している。

また本書の特徴は精神疾患や脳神経の障害といった医学的・生理学的領域についても詳しい説明がされていることである。**統合失調症や気分障害、物質関連障害などポピュラーな障害はもちろん、肥満や時差ボケといったすぐには脳と関連のつかない現象まで、脳の中で起こっている実際の働きについてつぶさにつかむことができるようになっている。**

わかりやすい記述、美しい図版資料、そして最新の情報に対応した丁寧な改訂。どれをとっても入門書・教科書が備えるべき必要な要素が欠けない教科書。その意味で本書は、「教科書の『教科書』」とでも呼ぶべき上質の本である。自分の脳とつきあうマニュアルとして、手元にぜひ置いておきたい。N

▶ 脳神経科学の入門書／脳の機能／脳に関連する障害
▶ わかりやすさと美しさを備えた教科書の決定版

さらに知識を深めたい人に

☐ 『脳神経心理学（朝倉心理学講座4）』 利島保編
　朝倉書店　2006年　3,570円
☐ 『カールソン　神経科学テキスト　脳と行動［第3版］』
　ニール・R・カールソン著　泰羅雅登・中村克樹監訳
　丸善出版　2010年　18,900円

108

デカルトの誤り
情動、理性、人間の脳

Descartes' Error: Emotion, Reason, and the Human Brain
アントニオ・R・ダマシオ 著
田中 三彦 訳

ちくま学芸文庫 2010年 1,575円

「デカルトの誤り」とは何か？ 脳と身体の関係性を究める

『生存する脳』として講談社より2000年に出版されていたが、全面的に訳出し直され、新たに文庫として出版された。原書のほうも1994年に出版された後、2005年に新版が出版されたという（「新版へのまえがき」が加わった）。この「新版へのまえがき」で著者によって本書は次のように紹介されている：「主題は情動と理性の関係である。意志決定障害と情動障害を有する神経疾患患者に対する私自身の研究にもとづき、情動は理性のループの中にあり、また情動は通常想定されているように推論のプロセスを必然的に阻害するのではなく、そのプロセスを助けることができるという仮説（ソマティック・マーカー仮説として知られている）を提唱した」。序文には次のように：「**私は、神経科学のことはほとんど知らないが世の中のことはよく知っている好奇心の強い知的で賢い架空の友人との対話を想定し、その対話の私の側の話としてこの本を書いた**」。

本書は3部構成からなっており、ダマジオ（ダマシオと表記されることが多いが、濁って読むのが正しいのでそう表記する）の思考の流れに沿っている。一般の人に向けて書かれた書物ではあるが、実は大変学術的な進行になっている。第1部、第1章から第4章では、脳損傷を受けた症例から示される証拠の数々の提示。ここで有名なフィネアス・ゲージが登場する（ご存じないなら、読むしかない）。しかしダマジオがこのような意思決定障害や情動障害に関心

を持つようになった契機は、ダマジオが実際に診た患者たちである（特に、エリオットと呼ばれる症例については詳しく紹介されている。エリオットももっと有名にしなくては）。第2部、第5章から第8章までは、第1部の考察から得られた「一般的な説明」の妥当性を検証し、そこからソマティック・マーカー仮説を提示するに至る。身体、脳、行動、心などの諸概念の整理（第5章）、生体調節について（第6章）、情動と感情について（第7章；ここでもう一つ、有名な「あたかもループ」の説明がある）。そしていよいよ第8章でソマティック・マーカー仮説が提示される。**ソマティックとは「身体的な」という意味であり、そのような身体的情報〜感情の一種を手がかりとしてわれわれは推論を行っているのだとするのが、この仮説の概要である。**第3部は、提唱されたソマティック・マーカー仮説の検証と、その発展。第9章では皮膚伝導反応やギャンブル課題（これはその後多くの研究で用いられている）の結果による検証の解説。第10章では身体と脳の関係について。そして最後の第11章「理性のための情感（パッション）」では、本書のタイトルになっている「デカルトの誤り」が何であるのかが明らかにされている。

　ダマジオはまさに、意思決定、情動・感情研究のパイオニア的存在であり、それまで「認知」、知的側面のみに比重のあった神経心理学研究や認知神経科学研究を一変させ、「情意」的側面に研究者の関心を向かわせ、その後爆発的に研究を増加させたのである。本書や紹介されている研究は、そのような転回点を作った「歴史」そのものである。M

▶情動と理性の関係を解くソマティック・マーカー仮説

さらに知識を深めたい人に
□『感じる脳―情動と感情の脳科学　よみがえるスピノザ』　アントニオ・R・ダマシオ著　田中三彦訳　ダイヤモンド社　2005年　2,940円

109

前頭葉は脳の社長さん？
意思決定とホムンクルス問題

坂井克之　著

ブルーバックス　2007年　987円

知性を司る3人の重役と「社長」

　たぶんおそらく、「前頭前野は脳の社長さん？」という書名を考えていたのではないかと思うのだが（前頭葉には前頭前野以外にも、一次運動野や運動前野などが含まれているのだし、冒頭の第1章にはそう記されているのだし）、それはともかく、前頭前野に関心がある、詳しく知りたいと考える人にとっては、本書をおいて他にない！と言えるほどの好著。本文も、読者と会話しているような語り口でありながらかなり高度な研究の内容をわかりやすく伝えてくれ（ときおり混ざるジョーク的表現がまた魅力的）、説明の図やイラストも的確で面白く、講談社ブルーバックス（私も高校生の頃からずっとお世話になっている）の**「発刊のことば」（巻末にある「読む人に科学的に物を考える習慣と、科学的に物を見る目を養っていただく」「科学を知る」という目標）が具現化されている。**

　前頭前野がなぜこんなに注目されるのかというと、「脳の階層構造の頂点に立つ」「脳のすべての領域を制御する」「人を人たらしめている」「知性を司る」「偉い」領域、最高経営責任者（CEO）であると考えられているからである。実際、専門家は前頭前野の機能を"executive function"（実行機能とか遂行機能といわれる）と呼ぶが、executiveは管理とか管理職という意味でもある。**本書はそのような前頭前野「脳の重役室」にどんな人がいて、どんな仕事をしているか…というアナロジーで進行する。3人の重役、企画担当**

重役、営業担当重役、総務担当重役がいるらしい。3人であることはなんら恣意的なのではなく、脳研究・認知神経科学研究における前頭前野の3区分（外側前頭前野、底部前頭前野、内側前頭前野）に相当し、それぞれの前頭前野の区分された領域が異なる機能を担っていることによる。企画担当重役は、クールでかっちりとして論理的な感じの人（第4章78ページ）。情報を保持し、分離・統合し、操作し、抽出することで次に何をするかを導き出すのがお仕事である。営業担当重役は、汗を拭き拭き歩き回る、儲かってなんぼという感じの人（第5章121ページ）。利益や報酬（もちろん反対の、損や罰も）によって、行動を制御するのがお仕事である。総務担当重役は、人の良さそうな、でも裏では社内や外部とのいざこざを一手に引き受け調整してきた、表も裏も知る男、といった感じの人（第6章151ページ）。葛藤を解決し、他者に配慮して行動するのがお仕事である。第7章は、重役と部下の関係（前頭前野への／からの入出力）や、重役間の関係について。ここまでの中のどこかに「社長さん」の正体が明かされているのだが、それはここには書かないでおこう。第8章は、（このアナロジーをそのまま引き継げば）社の意思決定は、「誰が」「いつ」「どのように」行うのか？…本書の副題となっている意思決定のメカニズムと、（「会長」とでもいうべきかしら）「ホムンクルス」の正体が明かされることになる。

　サルを用いた神経生理学的研究、脳損傷者を対象とする神経心理学的研究、そして脳画像研究の成果を巧みに織り交ぜて、こんなにわかりやすく教えてくれる本はない。ぜひ、「頭頂葉は○○」「側頭葉は△△」「後頭葉は××」とシリーズ化してほしい！M

▶ 前頭前野3区分の相互作用と意思決定のメカニズム

さらに知識を深めたい人に
□『脳を支配する前頭葉―人間らしさをもたらす脳の中枢』　エルコノン・ゴールドバーグ著　沼尻由起子訳　ブルーバックス　2007年　1,113円

心の脳科学
「わたし」は脳から生まれる

坂井克之　著

中公新書　2008年　945円

「わたし」が脳の持ち主なのではなく…

　第1章第1節「未来の脳社会」では、現在の脳科学の最先端の成果が応用されたらどのような社会になるだろうかの、（一つの）起こりうる事態が記されている。皆さんはどのように感じるだろうか。あるいは、著者が予想しているとおり「あとがき」を先に読もうと思った読者（次に終章から読むことになるだろうが）は、著者の独白、「わたしとは何か」という問いに対する著者の考えに、どのような感想を抱かれるだろうか。読み進めるのは、「わたし」に対する私の考えや思いを確かめてからにするがいいのかもしれない。**本書は、大学院における著者の講義をもとに構成された、「本当の脳科学」を伝え・誘う書であり、「わたし」や「わたし」と社会の関係について、脳研究の立場から考察を試みる挑戦の書でもある。**しかも、実にエレガントな構成かつ軽妙な文体で。

　さて、現実に「わたし」が存在し、「わたし」が世界を見ているという感覚は誰しもが強力に持っている。この「わたし」の存在は根本的であり、普遍的なものである一方で、「わたし」という虚構は「脳」という実体的な基盤を持っている。このあたりの、外界の情報を処理する、すなわち「見る」と、主観的に感じられる「見える」の関係は第1章「外の世界、内の世界」第2節から第4節までに詳しく紹介されている。次に、第2章「『わたし』と『あなた』」。第5節では「記憶と自分」、過去、現在、未来へと至る時間軸の上

で自分自身という存在を認識できることの脳科学的説明がなされている。第6節では「考える自我」、主体性を持って思考する自分、「知性」の脳科学。知性を制御する存在としての「わたし＝自我」とは、脳が作り上げた一種の説明原理のようなものではないだろうかと述べられている。第7節では「社会的な脳」、人の気持ちを察する能力。相手を自分の脳内に投影する、しかしながら同時に自己と他者を区別するメカニズム・脳内表現についての研究が紹介されている―これもすでに脳研究の対象になっている―。第3章は「物質としての脳と心」。第8節「遺伝子によって左右される脳」では、脳の形や働きに影響を及ぼしていること、ところが、第9節「脳はここまで変わる」では、学習によって変化する脳の実証的な研究が紹介されている。一方では、「わたし」は遺伝子によって規定される部分があり、他方では、学習経験によって変化するという。**変わらない（ように思われる）「わたし」と変わる（ように思われる）「わたし」、また、変わった「わたし」を観察している主体としての「わたし」が変わらずに存在している、というパラドキシカルな状況について、よく考えてみよう。**第10節では「21世紀の読心術」。他者の心が正確に読めるようになることのメリットとデメリット、社会に与える影響が研究成果とともに考察されている。

　結論。このように考察を進めるならば、どうも「わたし」が脳の持ち主なのではなく、「わたし」の持ち主が脳であることを認識せざるをえなくなるでしょう。副題のとおりである。M

▶ 最新の脳科学研究から、自我と人間社会の未来を考察

さらに知識を深めたい人に

□『脳科学の真実―脳研究者は何を考えているか』　坂井克之著
　河出書房新社　2009年　1,260円

センスのいい脳

山口真美　著

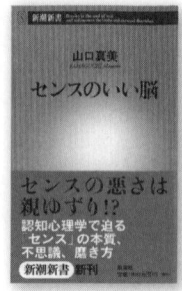

新潮新書　2009年　714円

感覚知覚の世界を縦横無尽に駆け抜ける異色の入門書

　センスを日本語に訳せば「感覚」である。センスの良さといえば普通私たちは美的な感覚の高さや流行への敏感さをさすが、古典的な心理学でいえば視覚や聴覚、味覚などわれわれ人間が絶え間なく取り込み続ける情報の受容のことをさし、誰もが当たり前のように持つ能力のことにほかならない。本書はそんな感覚の性質やメカニズムをわかりやすく解説したものであり、前述のセンスの良さを探っているものでは必ずしもない。**その意味で本書は「センスがいいけど、ちょっとズルいタイトル」だが、内容はわれわれの感覚の仕組みや源を知るに格好の入門書である。**そして人間の持つ優れた感覚の能力を改めて味わうことになろう。

　人間の感覚と脳の働きに関する一つの面白い例を話そう。人の網膜には盲点と呼ばれる視覚刺激を感じる細胞がまったくない部分があり、簡単な方法によって自分で盲点を見つけることもできる。それでも私たちの視野にぽっかり穴が開いて見えないのは、脳がうまく処理をしてくれているからである。同じ脳の働きで、私たちは実際にはない錯覚や幽霊も見ることができる。動物園のサル山のサルの顔を見分けることは難しいが、人間の顔を見分けるのは簡単だ。しかし生後3～4か月の乳児は、人間もサルも分けへだてなく同程度に見分けることができるという。一つ一つそれぞれがとても興味深い事例を重ねながら、山口は人間の感覚の力の豊かさ、面白さを

畳み掛けるように示していく。

視覚研究が中心の本書であるが（また、感覚知覚心理の研究の多数が視覚研究という事情もあるが）、味覚や聴覚、嗅覚などの感覚についても探求と発想の世界を広げている。高度に進化・発達した視覚に比べ原始的な感覚と呼ばれるこれらの感覚は、言語や視覚イメージといった世界の力を借りながらその広がりを支えている。**感覚はそれぞれが独立したものではなく、やはり脳、そして言語や思考といった人間が高度に発達させたメカニズムを通して構成されていることを改めて実感することができる。**

彼女は、現在形で感覚の能力を発達させる途上にある乳児、通常の人間とは異なる感覚を持つ障害者ら、あるいはサルなどの動物の研究から、われわれがどのように世界を知覚し、認識しているかを説明している。そこからわかってくることは、認識をつかさどる人間の脳の面白さ、理解のもととなっている知識の豊かさ、そして発達に伴いこれらを身につけていく人間の学習する力の重要性である。極めて複雑で多岐にわたるこれらをほぼ確実に、そして努力の意識なく達成する人間という存在はその意味で「センスのいい」脳をもれなく持ち合わせているといえるのである。そしてそのセンスをより良くするのは、知識や学習といった働きが重要だということを本書はよく示している。N

▶ 感覚のメカニズム／脳の豊かな機能に支えられた世界
▶ センスはどのように研ぎ澄まされ、進化を遂げているのかを知る

さらに知識を深めたい人に
□『赤ちゃんは顔を読む―視覚と心の発達学』 山口真美著
　紀伊國屋書店　2003年　1,680円
□『美と造形の心理学』 仲谷洋平・藤本浩一編著
　北大路書房　1993年　3,059円

認知症
専門医が語る診断・治療・ケア

池田 学 著

中公新書　2010年　777円

心理学ができることは？　まず認知症の現状を知る

　高齢化社会が進行する中で、認知症、あるいは、認知症ではないかと「物忘れ外来」を受診する人々はこれからも増加していくだろう。認知症とはどういう病気なのか。**認知症とは「一度成熟した知的機能が、なんらかの脳の障害によって後半に継続的に低下した状態」と定義され、単に記憶力の衰えのみをさす用語ではない。**本書はコンパクトに、認知症の症状、診断から治療・ケアまでの現状を伝えてくれる一冊である。

　Ⅰ部の第1章は鑑別と認知症の原因疾患について、診断のプロセスの解説がある。第2章・第3章は認知症の症状についての概論。認知症の症状は大きく「中核症状」と「周辺症状」に区分される。中核症状は人格変化や病識の欠如、記憶障害や失語・失行・失認、遂行機能障害などの神経心理症状であり、周辺症状として精神症状や行動障害など、専門家にはBPSD（Behavioral and Psychological Symptoms of Dementia）と呼ばれる症状がそれに相当する（BPSDは、介護者の負担や、介護者の生活の質QOLの低下などを引き起こす）。このように、認知症患者の示す症状を正しく理解するためには、中核症状・周辺症状両面からの理解が必須であることがわかる。中核症状も周辺症状も、その認知症がどのような原因によるものかによって大きく異なってくる。たとえば、アルツハイマー病による認知症（Ⅱ部第2章）では、記憶障害をはじめとするさまざま

な中核症状と、妄想（特に「物盗られ妄想」）などの周辺症状が多いことがわかるが、レビー小体型認知症（Ⅱ部第3章）では、幻視をその第一の特徴として、記憶障害は軽いが視空間認知機能低下が見られること、症状の変動が大きいということが示される。前頭側頭葉変性症（Ⅱ部第4章）では、行動の障害が強く出る前頭側頭型認知症（FTD）、言葉の障害と行動の障害の両方が強く出る意味性認知症（SD）、言葉の障害のみが強く出ることの多い進行性非流暢性失語（PA）という、主として冒される脳の部位の異なる3つの認知症が存在し、それぞれ特徴的な中核症状・周辺症状を有することが示されている。**このように認知症を「認知症」とひとくくりにしない態度は、とりわけ治療・ケアにとっては重要である。薬物療法も非薬物療法もそれぞれ異なり、家族や介護者のケアのポイントもまったく異なってくるからである。**本書では、一般の人々にもわかりやすい言葉で、著者の経験による「ケアのポイント」が挙げられている点も有用であろう。Ⅲ部は、近年問題になっている若年性認知症（第1章）や自動車運転（第3章）に関する著者らの研究や、患者の症状を社会や文化、その人のそれまでの生き方や生活環境と絡めたバイオ・サイコ・ソーシャルな視点（第2章）、そして第4章は認知症医療の体制について、「熊本モデル」が紹介されている。

　認知症患者やその家族・介護者に対して、また、その治療を支えるパラメディカルに、もしくは社会的体制に、心理学はもっと多くの貢献ができないだろうかと、考えてみたい。Ⓜ

▶ 医療現場から報告する認知症の多様性とケアのポイント

さらに知識を深めたい人に
□『臨床医が語る認知症の脳科学』　岩田誠著　日本評論社　2009年　1,890円

113

人はいかに学ぶか
日常的認知の世界

稲垣 佳世子・波多野 誼余夫　著

中公新書　1989 年　756 円

伝統的学習観の見直しから「有能な学習者」の発見へ

　多くの人にとって、「学ぶ」とか「学習」という言葉を聞くと、何となく避けて通りたかったり、ちょっと離れたところからおつきあいしたくなるものである。これに学校という言葉が加わると、その印象はさらに強まる。英語も数学も、あれほど長いこと苦労して学校で学んだというのに、いまとなってはまったく身についていないと嘆く者も少なくはないだろう。**学習は「勉強」であり、嫌でも頑張らなければならないもの、当然苦痛を伴いやすいものといった感覚が、私たちの間に徹底しているのかもしれない。**

　そうはいっても、経験によって得られる知識・行動はすべて学習の産物である。乳児が歩くようになるのも、10 代の女の子がデートのためにバッチリとメイクできるようになるのも、学習の結果として身についたものに変わりはない。そして不思議なことに、それに苦痛が伴うという話もめったに聞くものではない。学校とは違い、日常の中で生活する人間は積極的に学ぶ存在であり、有能な学習者であるようだ。人は誰しも、何かを学ぶことには優れた能力を持っているのである。ではいったい何が違うというのだろうか。

　このような問いに対し、著者らは初めに、人間が受動的かつ学習に関して消極的であるという見方を伝統的学習観と位置づける。これに対し日常生活の中での人間の学習行動をさまざまな形で紹介しながら、日常生活において容易に能力を身につける個人を、新しい

学習観に基づく有能な学習者と位置づける。

　日常生活での学びは、多くの場合なんらかの目標があり、その目標に対して人間が現実的な必要や好奇心など強い動機を持っている。本書で例として挙げられているブラジルのストリート・チルドレンは、生活の必要からキャンディ売りになる。彼らは学校に通うこともほとんどないが、仕入れから利益をつけて売るという計算ができる。損をしないように割引のような複雑な計算もできる。そして、彼らは学校で学ぶ計算方法とは異なる、目の前にある商品を使った独特の計算方法を編み出している。

　われわれは自らが持っているあらゆる手段や能力を柔軟に利用しながら、目標の達成に近づこうとする。また学習のための材料は学校や教科書のようなものだけとは限らない。そしてわれわれは身の回りに学習のための多くの資源を持っている。道具・友人の協力・所属する集団のルールに従うことなど、資源は教材として目に見えるものではなく、文化としてわれわれの生活に仕組まれたものの場合もある。このようにして巧妙に用意された利用可能な資源を、縦横無尽に駆使しながら学習は進む。

　現在ではようやく受け入れられるようになった、新しい学習観を紹介する先駆となった名著。ここから、自らの「学ぶ力」を改めて確認するのも、また深い意義を持つかもしれない。🄽

▶ 新しい学習観／知的好奇心／学びを促す「文化」
▶ 本来人間は、有能な学習者であるようつくられている

さらに知識を深めたい人に
- 『新訂　認知過程研究―知識の獲得とその利用』　稲垣佳世子・鈴木宏昭・大浦容子編著　放送大学教育振興会　2007年　2,310円
- 『子どもの認知発達』　ウーシャ・ゴスワミ著　岩男卓実・上淵寿・古池若葉・富山尚子・中島伸子訳　新曜社　2003年　3,780円

114

生涯発達の心理学

高橋 恵子・波多野 誼余夫　著

岩波新書　1990年　735円

生きる限り成長を続ける人間としての高齢者とは

　日本人の平均寿命が80年の時代を迎え、われわれは長い中高年の時代を生きることとなった。若かりし時代が明るく未来にあふれた言葉で語られやすいのと対照的に、老いを実感する中高年の時代は何かとネガティブなイメージで語られやすい。日本人にとっての高齢者のイメージは、平凡で、暇で、考えが古く受動的。体力や知力の衰えが目立ち、生産性が低い存在としてとらえられがちである。

　著者らは、生涯を通して進化・成長を続ける存在である「生涯発達」という観点から、これらのイメージの大胆な書き換えに挑戦している。**高齢者は人生のエキスパートであり、これまで考えられていたほど能力の低下は大きくなく、むしろ人生を豊かに謳歌する存在であるという新たな見方について、さまざまなデータから実証を試みている。**また、このような「人生の円熟期」を迎えるために必要なことは何かという、高齢者の幸福の条件についてもふれられている。

　高齢者研究の進展は、これまで考えられていた高齢者の能力低下のかなりの部分が、「若い人向けの研究」で用いられてきた方法をそのまま採用したために、本来の高齢者の能力を測れなかったことを見いだした。また長い時間にわたって蓄積された彼らの経験は、知恵とか結晶性知能と呼ばれる、加齢によって衰えることのない能力として、健康や人間関係が良好に保持される限り有効に活用され

ることもあわせて見いだしている。

　さらに高橋らは高齢者が豊かに活動するために必要な条件として、自らの力で物事に対処し、解決できる機会があること、その結果として自分に能力が残されているという有能感があること、また愛情あふれる人間関係のネットワークが築かれていることなどを挙げている。別の言葉でいえば、高齢者が自立を維持していることと、維持のために必要な知的資源、人的資源などを持っていることともいえるだろう。

　実際、本書が書かれた数年後に、クレイクは高齢者の環境的支援仮説と呼ばれる理論を展開し、**加齢に伴い情報取得能力が低下しやすい高齢者は、若い時期に比べより多くの情報を得ようと行動すること、また情報を得やすくする外的環境の整備により支えられることを指摘している。**高齢者を理解する新たな視点について、いち早く先に、かつ普遍的・一般的な水準で看破してみせた高橋らの眼は極めて先駆的である。

　この本の登場から20年たった今日、60代はもはや老人とは呼べないほど若々しく見えるようになった。海外を含め観光地に行くと、驚くほど大勢の高齢者がいきいきと歩き回っている。現代の高齢者は、われわれが持つ高齢者のイメージとはすでに異なっている。近い将来「若さ」が大きなリーチにならない時代が来るのかもしれない。🅝

▶ 高齢者の能力の再評価／豊かな老後の条件
▶ 自ら生きる力を持つ限り、老いても輝きは衰えない

さらに知識を深めたい人に

- □『老年心理学』下仲順子編　培風館　1997年　2,100円
- □『老いとこころのケア―老年行動科学入門』
　佐藤眞一・大川一郎・谷口幸一編著　ミネルヴァ書房　2010年　3,150円
- □『死とどう向き合うか』アルフォンス・デーケン著
　NHK出版　1996年　1,121円

0歳児がことばを獲得するとき
行動学からのアプローチ

正高 信男　著

中公新書　1993年　693円

ヒトとサル、言葉の獲得を探る二方向からのアプローチ

「先生、人間の心理学なのに、なぜサルやラットが出てくるんですか？」。またか！と思わずため息をつく質問でもあり、確かにもっともなことだなあと思う質問でもある。実際に人間の体を傷つけることができない生理学的な研究はともかく、人間のことを知りたいならば、わざわざサルやラットにお出ましいただくより、人間を調べたほうがいいだろう。まして人間は万物の霊長と呼ばれる高度な知性を持った生物である。いかにサルが賢いといっても、人間とは違うのでは？と学生が思うのも無理はない。しかし、動物を使った心理学研究には、それなりに深い意味があるのである。

動物の行動を中心として、人間の解明に（もちろん動物の解明もだが）役立てようとする研究領域を比較心理学という。生物学の世界では動物行動学と呼んだり、英語のままエソロジーと呼んだりすることもある。**人と動物の心理の差は質的な違いではなく量的な違いであるという立場をとり、また人間はこれらの動物から進化した形であると考え、特に生得的な行動を中心として、人間の行動の根源を明らかにしようとする学問なのだ。**この比較心理学の立場から、人間の最も高度な能力、言語の獲得について検討を行っているのが本書である。

産まれたばかりの赤ちゃんが長い時間をかけて言葉を獲得するプロセスは、日本語を話す私たちが英語を新たに学ぶプロセスとは根

本的に異なる。乳児は言葉を話すどころか、口でうまく音声を作ることもできないし、「物には名前がある」という事実にすら気づいていないのである。いわゆるレディネスと呼ばれる言語使用の準備ができていない状態で、まずはそれを身につけるところから始まる。著者の正高は自己の研究を含む内外の研究をもとに、赤ちゃんが母親の声を見分けるようになるところから話を始める。言語として利用可能な発声を身につけること、コミュニケーションの道具として「声」が利用できることを知ることなど、およそ言葉の獲得のために必要なレディネスがどのようにして作られていくのかを解き明かしていく。その多くは乳児と母親との間の相互作用によって培われていくものであるが、最も基本的な能力はサルの親子にも同様に見ることができる。**人間だけが高度に発達させた言語能力であるが、その基礎は生得的なコミュニケーションの方法として、動物の進化の中で、脈々と伝えられてきたものなのだ。**

　比較心理学は、このようにして動物の行動からその先にある人間を解明する。正高は生物の進化の最先端を、ホモ・ロクエンス（言語を扱う生き物）である人間に見る。そしてその視座は、人間の進化の遠い先祖に当たる生き物の視点にある。本書は、なぜ動物を対象にする心理学があるかについてきちんと示した、最良の教科書なのである。🅝

▶ 比較心理学（動物行動学）／言語の発達／遺伝と学習
▶ 赤ちゃんはいかにして言葉を使えるようになるのか

さらに知識を深めたい人に

☐ 『ソロモンの指環―動物行動学入門』　コンラート・ローレンツ著
　日高敏隆訳　ハヤカワ・ノンフィクション文庫　1998年　777円

☐ 『パピーニの比較心理学―行動の進化と発達』　マウリシオ・R・パピーニ著
　比較心理学研究会訳　北大路書房　2005年　7,140円

116

問題解決の心理学
人間の時代への発想

安西 祐一郎　著

中公新書　1985 年　798 円

「考える」ことは「解く」ことだ。問題解決の糸口

　パスカルは、人間は「考える葦」だと定義した。友達にメールを送るかどうか、いまからご飯を食べるかどうか。当たり前のように見える一つ一つの行動のすべては考えることの結果であり、人間の情報処理の産物の多くは思考、あるいは問題解決である。本書は、人間が他の動物と最も異なる特徴である、思考や問題解決についての働きについて解説している。

　考えることの土台となるのは、一人一人がすでに持っている記憶や知識であり、これらを思い出したり、組み合わせたりすることによって思考は実行される。プロダクション・システムと呼ばれる「もし〜なら、…をする〔if 〜、then …〕」というプログラムは、人間の思考・問題解決の基本であり、「〜」の中に入る中身は、われわれの記憶や知識の何かである。しかし解決の結果である then がどうなるかは、コンピュータ・プログラムのように１つではない。同じ空腹を感じたときでも、当事者が仕事に熱中しているときと、何か生活に楽しい出来事がないかと感じるときでは違うだろう。忙しいときには手っ取り早く空腹を満たすように、楽しみたいときにはゆっくりご馳走を食べるように解決は変わる。**問題解決は解決者である人間が問題をどうとらえるか、どう見るかといった「視点」によって異なるのであり、視点は個人の記憶や知識、そしてイメージによって異なる。**安西はまず、問題をどう理解するかという視点

から思考や問題解決の世界に話を踏み出している。

　思考や問題解決に影響する要素は奥深い。まったく同じ解き方を持つ異なる問題が、片方は容易に解くことができ、もう片方はまったく解けないものも少なくない。有名な推論課題のウェイソンの4枚カード問題、類推を使った問題解決で知られるダンカーの放射線課題など、古くから数多く知られている。これらが起こる理由として、ある時は人間の知識の偏りが、またある時は人間の思考のバイアスが、時として文化的な背景の違いさえ関係していることがある。これとは別に、その問題を解く専門家と初心者の間には、そもそも目の前の問題自体をどのようにイメージしているかという違いもあり、また結果として解決のためにとる手段（方略という）がまったく違ったりする。安西はこれら一つ一つについて、われわれにわかりやすいようさまざまな文学作品の主人公のとった考えや行動を例にとりながら、さらに考えを深めている。

　最後に、問題解決のマシンであるコンピュータと人間の共通点や違いを見ながら、人間の思考はどれほど優秀か、コンピュータにまねができないのはどこか論じられている。本書が出てから25年、いくつものコンピュータの進歩があり、この世界もずいぶん変化したが、まだまだコンピュータが人間を超える日は遠い。N

- ▶問題解決と思考／問題の理解／問題解決のバイアスと人間
- ▶複雑さと単純さを併せ持つ、人間の「考えることの仕組み」に足を踏み入れる最良の入門書

さらに知識を深めたい人に
- □『おもしろ思考のラボラトリー』　森敏昭編著
　21世紀の認知心理学を創る会著　北大路書房　2001年　2,625円
- □『考えることの科学―推論の認知心理学への招待』　市川伸一著
　中公新書　1997年　693円

117

無気力の心理学
やりがいの条件

波多野 誼余夫・稲垣 佳世子　著

中公新書　1984年　693円

タイトルは「無気力」。本当は「やる気とは何か」の心理学

　勉強に仕事に片想い、どんなに頑張っても報われないとき、人は無力感を感じて意欲を失いやすい。その割に、人はやる気を失わない動物でもある。下手の将棋、弱小野球チームのファン、報われなくとも何のその。本書はそんな無気力と意欲を解き明かしている。

　前半の3章は無気力の条件。学習性無力感と呼ばれる心理学の重要なタームを取り上げ、絶望や失敗の連続がいかにしてやる気をそいでいくか、乳幼児の時代まで遡りながら話は進む。これを受け4章から10章は効力感という「まだまだいけそうな感じ」に続く。**やる気や生きがい、挑むことへの幸福感といった効力感は、実は自分で生き方を選び取ることに始まる自律性や、温かい他者とのやりとりによって育まれる。**家庭で職場で学校で、この効力感を失わないためにはどうすればいいのか、波多野らは豊かな事例と研究から説明している。そう、本書は無気力の本というよりも、未来への希望の育て方を解説した本なのである。🆖

▶ 効力感をつけることで生きる幸せを得る

さらに知識を深めたい人に
- 『ポジティブ心理学—21世紀の心理学の可能性』　島井哲志編
　ナカニシヤ出版　2006年　3,150円

118

心理テストは
ウソでした

村上 宣寛 著

講談社+α文庫　2008年　680円

いままで受けてきた心理テストは信頼できないシロモノ？

　学校や就職試験、そして病院などで心理テストを受けたことがある人がほとんどだろう。では、こういうテストは本当にキチンとしていて正確なものなのだろうか？　雑誌の後ろのほうのページに載っている半分占いのような性格検査や心理テストは少し怪しいかもしれないが、少なくとも公的な場で行われるテストは専門的な研究者のお墨付きがあるものなのだろう。多くの人はこう思っているはずだ。私自身、長い間そう思っていた。

　さて、この本はパーソナリティを専門とする心理学者が、既成の心理テストが本当に妥当で信頼できるものなのかについて検討したものである。**そして、結果は驚くべきことにロールシャッハテストをはじめ、有名で使用頻度の高い心理テストのいくつかは実際には信頼性も妥当性も乏しいということが実際のデータなどをもとにして説得力ある形で明らかにされる。**

　興味深いのは、1984年11月に広島大学で行われた日本心理臨床学会第3回大会でのシンポジウムにおけるブラインドアナリシスの報告である。ブラインドアナリシスとは、ロールシャッハテストの結果をその本人の情報なしにテスト結果のみから推定するという方法であり、投影法の教育の中ではしばしば行われるものである。

　ある被検査者のロールシャッハテストの結果について、ロールシャッハテストの大御所であった、斎藤久美子、馬場禮子、秋谷たつ

子の3人の先生方が分析して報告した。斎藤は性倒錯、馬場は抑鬱感が強く、男性性不全、アルコール依存、対人恐怖のある神経症患者、秋谷は性的な問題を抱えた強迫神経症患者などの答えをしたそうである。しかし、実際には、この被検査者は、これらの症状は一切ない誘拐殺人犯だったという。

　では、なぜ、このようなことが起こるのだろう。本来学問は、常に対等な立場に立った専門家同士の議論の中から生み出されていくものである。結果として、自分の弟子が自分の研究を否定するということも少なくなく存在する。このようなときに怒るのでなく、弟子が成長したといってほめてやるというのが学者であるし、それを制度的に保証していくのが、学問、あるいは学会のシステムである。しかし、もし、先生の言うことは常に正しく、先生の言うことが間違っているように思われるならばそれは自分の修行が足りないからだと思うような、宗教のようなシステムであれば、学問は発展しない。また、これはみんなが使っていて有名なテストだから間違っているはずはないんだ、という権威盲従の姿勢があっても、やはり学問が発展しない。

　どうやら、少なくとも心理テストの世界では長い間（そしてたぶんいまでも）このような正常な科学的な営みを妨害するような風潮があったらしいのだ。

　これはロールシャッハテストに限らず、本書で取り上げられている矢田部ギルフォード性格検査（YGテスト）や内田クレペリン検査（これは就職試験でも使われていることがあります）でも、同様の問題を持っているということがわかる。

　特に、YGテストではその検査が作られたときのデータや、その後の論文のデータなどを詳しく分析しながら、それが途中でねつ造されたり、科学的には誤った解釈のもとに作成されてきたり、出版の都合で修正されてしまったりしたことが明らかになる。

　この本については、しばしば「攻撃的すぎる」などの批判がなされるが、そのような批判は間違っている。この本の内容がまさに正

当な科学の営みなのである。どの分野の心理学を学ぶにせよ、この本は一度は読んでおくべきものだと思う。

なお、この本はあくまで一般向けに書かれたものである。それぞれの記述についてより詳しく知りたい場合には次の2冊が参考になる。一つは同じ著者の『改訂　臨床心理アセスメントハンドブック』である。この本は心理学を専攻する学生や専門家向けの心理テスト解説のハンドブックであるが、取り上げているテスト自体の信頼性や妥当性から説き起こしており、この点が曖昧にされている類書とは一線を画している良書である。もう一冊はウッドらの『ロールシャッハテストはまちがっている』である。これは先にも述べたロールシャッハテストの妥当性や信頼性の問題に焦点を当てて、その問題点を鋭くかつ実証的に指摘した本である。正直なところを言えば、ロールシャッハテストファンの多いわが国で、ロールシャッハテストを正面から批判したこの本が翻訳されるとは、夢にも思っていなかった。記述はやはり攻撃的なところもあるが、科学的な観点から見れば、正攻法な批判書であり、やはり良書である。臨床心理学を専攻する学生には特に手に取ってほしい本たちである。

- ▶ 妥当性／信頼性／ロールシャッハテスト
- ▶ 現在行われている心理テストの中には、テストが備えるべき基本的条件を満たしていない怪しいものがある

さらに知識を深めたい人に

- □『改訂　臨床心理アセスメントハンドブック』　村上宣寛・村上千恵子著
  北大路書房　2008年　2,625円
- □『ロールシャッハテストはまちがっている―科学からの異議』
  ジェームズ・M・ウッド、M・テレサ・ネゾースキ、
  スコット・O・リリエンフェルド、ハワード・N・ガーブ著　宮崎謙一訳
  北大路書房　2006年　4,935円
- □『オオカミ少女はいなかった―心理学の神話をめぐる冒険』
  鈴木光太郎著　新曜社　2008年　2,730円

「社会調査」のウソ
リサーチ・リテラシーのすすめ

谷岡一郎 著

文春新書　2000年　725円

世の中にある怪しい社会調査を見破れ!

　新聞や雑誌に載っているさまざまな「社会調査」、それを見てわれわれは社会におけるさまざまな問題について考え、その問題についての自分の態度を決めていく。その際、われわれの多くは、その調査の**結果**についてはよく吟味して考える、がしかし、その調査の**プロセス**、つまりそれが適切に行われたものなのかについては、ほとんど注意を払わない。大新聞や有名出版社の本に載っているのだから正しいに決まっている、と思ってしまうのだ。

　しかし、よく検討してみると、これらの調査の多くが調査方法、具体的にはサンプリングの方法や結果の集計方法、そして結果の解釈方法に問題があり、最終的に記事になるときの記述にも問題があることがわかる。この本は、大新聞に載った多くの具体例を挙げながら、このような「社会調査のウソ」を白日の下にさらしていく。

　怪しい社会調査を「ゴミ」と言って切り捨てるような著者の記述は正直、少々過激で、感情的にも思う人が多いかもしれない。しかし、これは世の中の社会調査があまりにもひどいので、社会調査の専門家としては、当然といえば当然の怒りなのだろう。自分で調査を行う学生も、人の調査を参考にして論を組み立てる学生も、その前提としてのリサーチ・リテラシーをつけるためにこの本は必ず目を通しておくべきだろう。

120

統計でウソをつく法
数式を使わない統計学入門

How to Lie with Statistics
ダレル・ハフ 著
高木 秀玄 訳

ブルーバックス　1968年　924円

統計量と統計グラフで人をだます方法

　本書のタイトルを見るとびっくりするが、実際、本書は統計量や統計グラフを使って人にウソをつく方法を惜しみなく紹介している。本書に出てくる方法を使えば、インチキサンプルを使って人をだましたり、調査法がたとえ妥当であったとしても、統計グラフを巧妙に使い、数値から受ける印象をごまかすことができる。もしかしたら、喫煙と大学成績との因果関係を信じ込ませることができるかもしれない。

　もちろん、本書の意図はこうしただましの奨めにはない。**読者が統計詐欺師にだまされないよう、だましの手口を知ることの奨めにある。**テレビ番組で元窃盗犯が空き巣狙いの手口を紹介したり、振り込め詐欺集団の元メンバーがだましの手口を説明したりするが、それと同じである。ただし、本書の著者も訳者も立派な研究者である。類書も多いが、本書を強く推薦したい。本書によって記述統計学の基本的理解を深めることができる。H

▶ 記述統計／統計でだまされないために

さらに知識を深めたい人に

□ 『本当にわかりやすいすごく大切なことが書いてあるごく初歩の統計の本』
　吉田寿夫著　北大路書房　1998年　2,625円

121

原因をさぐる統計学
共分散構造分析入門

豊田秀樹・前田忠彦・柳井晴夫 著

ブルーバックス　1992年　945円

勉強が良くできると格好良く映る?

　小学生の頃、イケメン風の友人がいた。動きは機敏でスポーツも得意で勉強も良くできた。小学生の頃を思い出すと、彼だけではなく、勉強がそこそこ良くできていた男児は格好良く、人気もあった。しかし、イケメン風でスポーツが得意でも勉強ができるとは限らない。もしかしたら、勉強が良くできたからクラスメートには格好良く映り、人気があったのかもしれない。それとも、格好良く見えたから勉強ができるとクラスメートが勘違いしたのだろうか。

　クラス内での人気と成績認知の因果関係を知りたいと思っても、相関係数と単回帰分析では因果の方向を特定することはできない。しかし、本書の共分散構造分析を巧みに利用すれば、因果の方向を特定することができる。**本書は基本的なモデルから潜在変数の因果分析や双方向の因果分析までを、数式に頼らず解説している。**本書はいますぐ共分散構造分析を利用してみたい人、技法の基本的枠組みを短時間で吸収したい人には最適である。H

▶ 共分散構造分析／構造方程式モデリング

さらに知識を深めたい人に
□ 『共分散構造分析[入門編]—構造方程式モデリング』　豊田秀樹著
　朝倉書店　1998年　5,775円

122

複雑さに挑む科学
多変量解析入門

柳井 晴夫・岩坪 秀一　著

ブルーバックス　1976年　1,113円

多変数の陰に隠れた重要な情報を浮き彫りにする

　多変量解析の勉強を始めてはみたものの、数式でつまずいてしまったという人もいると思う。**本書にも数式や行列の演算は出てくるが、数式を読み飛ばしても、本文の説明と図によって統計的な概念を理解できる仕掛けになっている。**たとえば図39を見れば重相関係数と抑制変数を理解でき、図41からは説明変数と目的変数の相関が小さくても、大きな重相関係数となるケースがあることが一目でわかる。

　本書の構成は次のとおり。最初に代表値、分散、標準偏差、共分散、相関係数、クロス集計表などの説明があるので、本書によって心理統計学と並行して多変量解析法を学べる。多変量解析法には多数の技法があるが、因子分析、主成分分析、重回帰分析、判別分析、数量化理論、クラスター分析などの基本的な技法を解説している。どれも今日でも頻繁に利用される技法であるから、本書が1976年に出版されたとはいえ、内容が時代遅れということはない。H

▶データ解析／多変量解析／見て、読んで理解する

さらに知識を深めたい人に
□『SPSSによる統計データ解析―医学・看護学、生物学、心理学の例題による統計学入門』　柳井晴夫・緒方裕光編著　現代数学社　2006年　2,940円

FBI心理分析官
異常殺人者たちの素顔に迫る衝撃の手記

Whoever Fights Monsters: My Twenty Years Tracking Serial Killers for the FBI

ロバート・K・レスラー、トム・シャットマン　著
相原 真理子　訳

ハヤカワ・ノンフィクション文庫　2000年　840円

心理学の知識を使って連続殺人犯人を捕まえる

　実は殺人の多くは知人間で起きる。そして、その動機も比較的単純だ。「金」「愛」「恨み」。これが犯罪の三大原因である。だから犯罪捜査の基本的ルールは被害者とこれらの問題でトラブルを抱えている人物を捜し出すことである。多くの場合、その人物が犯人だからである。

　ところが、世の中には、このような方法では解決できない事件が存在する。たとえば、犯人が「誰かを殺したい」と急に思い立ち、適当な人間を町で探し、その人を誘拐して殺害するといった事件である。このような事件の場合、被害者と加害者の間に「金・愛・恨み」などの事件前の人間関係はない。そのため、警察がいくら被害者の身元を洗っても犯人は浮かび上がってこないのである。

　この種の事件の捜査は非常に難しい。さらに大きな問題はこのような犯人、つまりいきなり「誰かを殺したい」などと考えるような犯人は、一度事件を起こしてそれで終わりというのではなく、しばらくして、また殺したくなる可能性があるということだ。これが連続殺人といわれる現象である。

　アメリカでは、1970年頃から連続殺人が目につくようになってきた。この種の犯罪は事件が起きた地域の住民をおびえさせ、日常生活を大きく制限してしまう。そこで、アメリカ連邦捜査局（FBI）はこれらの犯罪を解決するためのなんらかの捜査手法を開発するこ

とを試みたのである。研究を行ったのは、当時、FBIアカデミーの行動科学課に所属していたベテラン捜査官のチームである。

彼らは、当時、アメリカの各地で逮捕され収監されていた連続殺人犯人について、徹底的に調査するところから始めた。犯人が起こした事件の資料を詳細にデータ化して分析するとともに、犯人の生育歴や性格、生活上の特徴などを調べたのである。時には犯人自身にまで会いに行ったという。このような研究の結果、生み出されたのがプロファイリングといわれている犯罪捜査技術である。

これは、犯行状況から犯人の属性を推定し、捜査を支援する技術である。犯行現場の状況から犯人の職業や年齢、精神疾患の有無や住居などが推定できれば、被害者と加害者の間に人間関係のない事件を解決するための大きな手がかりになる。

このプロジェクトの中心人物だったのが本書の著者のロバート・レスラーであり、本書では、レスラーがさまざまな連続殺人犯人と面接をし、実際の事件に立ち会いながら、プロファイリングの知識を生み出していったプロセスが描かれている。描かれている事件の中には、なぜ人間がここまで残酷なことができるのだろうと思ってしまうものも少なくない。

最近、テレビや映画ではプロファイリングに関するものが少なくないが、その背景には心理学の知識と捜査官の地道な努力が必要であったのだということをわからせてくれる一冊である。犯罪心理学や推理小説に関心がある人はもちろん、人間のダークサイドをのぞいてみたい人にもお薦めの一冊だ。

- ▶ 連続殺人／被害者－加害者関係／プロファイリング
- ▶ プロファイリングは連続殺人事件を解決するために作られた

さらに知識を深めたい人に
□『殺人プロファイリング入門』 ロナルド・M・ホームズ、スティーヴン・T・ホームズ著　影山任佐訳　日本評論社　2005年　2,310円

124

なぜ人はエイリアンに誘拐されたと思うのか

Abducted: How People Come to Believe They Were Kidnapped by Aliens
スーザン・A・クランシー 著
林 雅代 訳

ハヤカワ・ノンフィクション文庫　2006年　651円

「宇宙人による誘拐」の謎を心理学で解く!

アメリカには実はエイリアンに誘拐されたという人が何万人もいる。彼らの多くは、就寝中にエイリアンの訪問を受け、UFOの中に連れ込まれ、そこで（生殖器と関連することが多い）医学的な検査を受けたり、いろいろな装置を埋め込まれたりして再びベッドに戻されたという。その記憶は誘拐直後には思い出せないことが多い。ところが、なんらかのきっかけでその体験が突然よみがえってくるというのだ。この「エイリアン・アブダクション」現象はいったい何なのだろう？

仮説の一つは、もちろん実際にUFOがやってきて人々を誘拐しているというもので、このような考えをとる研究者もいる。**しかし、心理学者の多くはこの現象を「フォールスメモリー」つまり、実際には存在しない出来事が心の中に記憶として生じてしまった現象だと思っている。**著者のクランシーはこの現象についての第一人者である。彼女は実際に誘拐された人々にインタビューしながら、この謎を心理学的に解明していった。この本はそのプロセスについて書いたものだ。記憶の不思議さにふれる一冊。

▶ 本当にエイリアンは人々を誘拐しているのか、その謎を心理学で解く!

125

こころの日曜日
44人のカウンセラーが語る心と気持ちのほぐし方

菅野 泰蔵　編

朝日文庫　2005年　567円

カウンセラーによる「一品持ちより」の必殺技集

　心理学者に限らず、私たちは誰かの相談に乗ったり、支えたりするときに「こう言えば良い方向に進むことが多い」というアドバイスをしばしば持ち合わせている。もちろん心理臨床やカウンセリングは、そういう日常的な知恵以外を備えているが、日常の知恵もまた重要である。「知恵」の泣き所は、学問として体系的なものではなくあくまでその人個人のもので、それゆえ常に提供してもらえるものではない。目の前のカウンセラーに多くは望めない。

　ならば多くのカウンセラーに、一人一人お得意のアドバイスをいただければ、どれかは自分にも効きそうなものである。**本書は当代を代表するカウンセラーたちが、自分の経験をもとにして私たちに贈る、心をラクにするメッセージ集である。どれも理論や知識を背景として、実に含蓄ある言葉になっている。**読めばたちどころに気分が良くなるというものではないが、読み返すうちにじわじわと効いてくる。そしてその時は、あなたが人間としてもう一歩成長している時なのである。N

▶ わかりやすい心理臨床／「臨床の知」を垣間見る

さらに知識を深めたい人に
□『心理療法個人授業』　河合隼雄・南伸坊著　新潮文庫　2004年　420円

126

軽症うつ病
「ゆううつ」の精神病理

笠原 嘉 著

講談社現代新書　1996年　777円

うつ病の時代にうつと正しく向き合う

　うつ病は、精神障害の中で最も研究が進み、診断法や治療法が確立された病気である。「軽症うつ病」という診断の単位があるわけではないが、精神病としての診断と治療を必要とするうつと、日常で誰もが経験するような憂鬱との境目は専門家以外の目から見ると必ずしも明確ではないため、その緩やかな連続性を表現するためにタイトルとして「軽症うつ病」という言葉が用いられている。**本書は精神科医の立場からうつ病の治療の実際のスタンダードを述べた本であるが、一般の心理学を学ぶ者としても、また誰であれ自分の抱える憂鬱な気分を自分で軽くするためにも役に立つ本である。**

　一般読者を対象として精神的な障害を扱っている本は非常に多く出版されている。その中には極端な立場からの障害理解や現実的ではない魔法のような解決の方法が宣伝されていて、患者さん本人や家族が批判なく信じてしまうことで治療の妨げになるような本も少なくない。本書はそのような本とは異なり、うつに対して援助する専門家がうつで悩む患者さんにまず読んでもらいたい本として安心して勧めることができ、実際に筆者もうつの心理療法にかかわる中で患者さんとその家族に読むことを勧めてきた本である。🅣

▶ うつは気分の障害にすぎず、必ず軽くすることができる

127

異常の構造

木村 敏 著

講談社現代新書　1973年　735円

精神の異常は、「正常」な精神から理解可能か？

　異常犯罪や精神の異常に対する関心は非常に高く、多くのドラマや映画が作られているが、そこでの精神障害者の描かれ方は、精神障害という問題の本質を見誤っている。なぜ、どのように本質を見誤っているのか、なぜ精神障害、特に統合失調症という障害の理解が難しいのか、そのことを知るためには本書が最適である。

　著者は人間学的立場から精神病に独自の論考を展開している。本書は精神分裂病（現在は統合失調症と呼ばれる）の病理を扱っているが、類書と異なり、その異常の存在を人間そのものの理解を促すものとしてとらえている。著者は、統合失調における異常の本質を「常識の解体」と呼ぶ。それは常識―非常識という対立軸や「でたらめ」とは質的に離れたところにあり、世界認識の土台としての合理性の基礎構造、1＝1という世界公式が成り立っていないことからくる異常である。精神障害の異常を理解しようとすると、われわれ自身が無条件に依拠している存在基盤の危うさが浮き彫りとなる。統合失調症者は、精神の基盤が同じであることを無条件に求めるような、わきの甘いヒューマニズムの「話せばわかる」的価値観を寄せつけない。**著者はあとがきで「分裂病とは何かを問うことは、私たちがなぜ生きているのかを問うことに帰結する」と述べる。本当の臨床とは、相手とかかわることによって、自分の存在基盤そのものが影響を受けることなのかもしれない。T**

128
子どものトラウマ

西澤 哲 著

講談社現代新書　1997年　756円

児童虐待は子どもの心にどのような影響を与えるか

　児童虐待は現在大きな社会問題となっているが、家庭という閉じられた環境の中で起こるためその実態を見極めることが難しい。また死亡に至るなどで事件として取り上げられない限り、子どもにどのような影響を与えたのか知ることは難しい。本書はトラウマ＝瞬間冷凍された体験というとらえ方を通して、児童虐待が子どもの心、人格的な成長にどのような影響を与えるのかを生々しく伝えている。さらに、トラウマを癒すプロセスとして、Reexperience（再体験）－Release（解放）－Reintegration（再統合）の3つのRのプロセスについても述べられている。

　子どもは大人と比べて身体的に弱いため、児童虐待はそのまま子どもの命にかかわる問題である。このため児童虐待に対する援助では、子どもの命の安全が保障される環境を確保することが最優先課題となる。しかし、それだけは十分ではない。**子どもは心理的な発達途上、人格の形成期にある。このため命が保たれたとしても、心の傷、トラウマとして大きな影響を残す。このトラウマをどのように癒すかが、児童虐待を受けた子どものケアで重要になる。**トラウマの存在は、対人関係における信頼感の形成や適切な対人関係の形成に大きな影響を与える。適切なケアがなされなければ、成長しても自殺や自傷、人格障害や同一性障害などの問題を抱えやすい。また基本的な対人関係のパターンとして「虐待する―虐待される」関

係性を持ったままになるために、虐待されて育った子どもが成長して親になり、今度は子どもを虐待する親になるという虐待の世代間連鎖の罠に落ちてしまいやすい。

また、災害や事件、事故などによるトラウマと比較して、児童虐待によるトラウマが厄介であるのは、児童虐待では子どもが日常生活の中で持続的に危機にさらされることにある。災害や事故などは非日常体験であり、日常性を取り戻すことによって安全な場所と安心感の確保が可能となる。**それに対して児童虐待の場合には、日常性、本来は安心感を取り戻せる場所であったはずのわが家が命の危険に遭遇する場所となる。**家族と家庭の再統合をどのように行うか、ここにも児童虐待によるトラウマを扱う難しさがある。

このように児童虐待の深刻さとトラウマのケアの重要性が理解されつつある一方で、逆に成人してからのすべての不具合を幼児期のトラウマに還元してしまい、回復された虐待の記憶をもとに訴訟が行われるという社会問題がアメリカで起こった。人間の記憶の仕組みは実験的に概念化される以上に複雑である。心的な防衛として記憶の抑圧と回復という概念があるが、同時に記憶と想像の混同や虚偽記憶という概念もある。どちらか一方の概念だけを絶対としてクリティカル・シンキングが欠けてしまうと、間違った極端な結論が生じ、大きな問題を生じる。ぜひとも両方の立場を代表する『心的外傷と回復』と『抑圧された記憶の神話』 ➡708 の両方を手に取って批判的に読んでほしい。このような訴訟と社会問題の行方により現実の児童虐待の深刻さとトラウマのすべてを虚偽のものとして片づけられてしまうことがないように願うばかりである。**T**

> ▶ 児童虐待ではトラウマに対するケアが重要である

さらに知識を深めたい人に
□『心的外傷と回復［増補版］』 ジュディス・L・ハーマン著
　中井久夫訳　みすず書房　1999 年　7,140 円

129

発達障害の子どもたち

杉山 登志郎　著

講談社現代新書　2007年　756円

発達障害の理解と受容が、社会に求められている

　発達障害とは、落ち着きがなく椅子にじっと座っていることができない、対人関係の基礎となる他者の心を読むことが難しいなど、幼少期から学童期にかけての発達段階で、特異な困難を示す障害をいい、必ずしも原因が特定されてはいないが脳機能のなんらかの先天的もしくは幼少期の疾患や障害によってそれらの問題が生じているものをさす。具体的には注意欠陥多動性障害（ADHD）、アスペルガー障害、学習障害などが含まれる。現在、発達障害者支援法が施行され、文部科学省も特別支援教育として発達障害の子どもたちを学校教育の中でどのように支援していくかに本腰を入れ始めた。社会の中で発達障害に対する理解と支援は急速に広がってきているが、まだ始まったばかりで支援は十分なものではなく、学校現場では混乱が見られる。**本書は発達障害研究と支援の第一人者によって書かれた、現在の発達障害に対する理解のスタンダードを提供する本であり、養育者や教育者にとって最善の知識を提供するものである。**

　発達障害は治療と治癒という病気の概念に当てはまらない障害であり、従来の病気という概念から理解することは難しい障害である。これまで障害として認知されていなかった困難を、障害として認知することでレッテルを貼ることとなり、差別化を生じるという議論がある。では障害としてレッテルを貼るのではなく、個性としてと

らえれば問題は解決するのであろうか。発達障害者の抱える困難を個性としてとらえたとしても、その個性を受け入れる社会のシステムがなければ、現在の社会の中で発達障害者は自己責任として困難を背負わされてしまう。良い教育システムとは、個人の持つ資質や可能性を最大限に引き出し伸ばすものであると思う。たとえば筆者自身は近視であるが、もしメガネという特別な道具によるサポートがなければ、黒板の字を読むことはできず、学校の授業についていくことはできず、結果としていまの教育システムの中で自分の知的能力を十分に伸ばすことができなかったであろう。幸運なことに近視という困難は社会の中で受容されており、メガネの着用が許されるという適切な支援を受けることができた。一方で発達障害についてはまだ社会の中で十分に理解と受容が進んでおらず、発達障害を持つ個人が十分にその能力を発揮して成長するために必要な支援は現在の教育システムで提供されていない。発達障害を持つ子ども自身が成長の力を持っていないためにではなく、そのような適合しない教育システムの中では成長の力が発揮できないために、より多くの二次的な困難を抱えたままに成人することになる。**発達障害者に対する特別支援教育が、近視の人が学校でメガネを使うことが当たり前に認められるように社会の中で受容されたとき、発達障害者の生きやすい社会ができるであろう。**🔳

> ▶ 発達障害／注意欠陥多動性障害／アスペルガー障害
> ▶ 発達障害を正しく理解し、社会の側から役に立つ援助を

📖 さらに知識を深めたい人に

- □『発達障害 境界に立つ若者たち』 山下成司著
  平凡社新書 2009年 777円
- □『大人の発達障害―アスペルガー症候群、AD/HD、自閉症が楽になる本』
  備瀬哲弘著 マキノ出版 2009年 1,365円
- □『自閉症スペクトル―親と専門家のためのガイドブック』
  ローナ・ウィング著 久保紘章・佐々木正美・清水康夫監訳
  東京書籍 1998年 2,520円

Tips 2

心理学でメシは食えるのか？

　最近は、高校生の子どもが心理学科を受験すると言っても親は反対しないだろうが、私が心理学科に行くと言ったとき、父親は「そんなところでメシが食えるのか」と言って反対した。当時は心理学科に対してはそういう認識が普通だったのだ。

　いまでもそういうことを言う人はときどきいるし、ネット上の相談サイトでも物知り顔のコメンテーターが、心理学ではメシが食えないなんてコメントをしている。しかしそれは大きな間違いだ。

　まず、心理学の専門家の仕事は世の中にはかなりある。たとえば、臨床心理士。臨床心理士はスクールカウンセラーとして中学・高校や大学の学生相談室などで活躍しており、精神科や心療内科ではカウンセリングや心理テストを行っている。世間でも広く認知されている心理援助の専門職だ。

　また公務員の中にも地方公務員、国家公務員双方に心理学の専門職の区分が存在している。たとえば少年鑑別所などで非行少年の心理査定をしてその更生を助ける法務技官、少年院や刑務所を出た人々を社会の中で更生させていく手伝いをする専門職である保護観察官、家庭裁判所における審判で専門家として重要な働きをする家庭裁判所調査官、警察本部に勤めて犯罪捜査の研究を行う科学捜査研究所研究員や、県や市の教育センターなどに勤めて生徒や教員の相談に乗る教育相談の仕事などがある。

　もちろん、一般企業でも心理学科で学んだことは十分生かすことができる。たとえば、広告、企画、人事やマーケティングの仕事では心理学科で身につけたスキルがそのまま使用できるし、営業活動では、心理学科の授業で身につけたさまざまな対人関係の知識を実地で使うことができるだろう。

　就職面接の場面でも、他の学問を専攻した人に比べて会社の人は心理学科の授業内容や卒論内容を、興味を持って聞いてくれるようだ。自分をアピールするためには心理学を学ぶことはけっこういい方法かもしれない。

第❷章

あなたの心の悩みが
スッキリわかる

201

プロカウンセラーの聞く技術

東山 紘久 著

創元社　2000年　1,470円

人の話を聞くことは、技術だったんだ!

　人の話を聞くことは、日常的な活動になりすぎていて、そこに技術がいるとは思えないかもしれない。しかし話をして聞いてもらえたと感じる相手もいれば、聞いてもらえないなと感じる相手もいる。自分自身どうもうまく話を聞けていないなと感じ、聞き上手になりたいなと思う。聞き上手と聞き下手は何が違うのだろうか？

　カウンセラーがクライアント（相談に来る人）の話を聞くとき、そこには技術といえるだけの方法論がある。そう、カウンセリングには聞き上手になるための技術論、方法論があるのだ。その方法論を、プロの聞き手（カウンセラー）である著者が、専門的勉強をしたことがない人に対してわかりやすく述べたのが本書である。**現在、カウンセリングやコーチングの方法論を一般向けに述べた本が数多く出版されているが、そのブームを引き起こしたのが本書である。**

　心理学の講義を受けにくる学生に、なぜ心理学を学びたいのか動機を聞くと、多くの学生が「人の心を読めるようになりたい」「相手が何を考えているのかわかるようになりたい」と答える。人間には他の人間の心を読もうとする本能があるし、人が社会の中で生きていく以上、自分以外の他者の考えを知ることに利益があり、それを求める動機がある。そして心理学を勉強すれば、それができるようになるのではないかと多くの学生が期待している。しかし、実際には、心理学を勉強してわかるのは心の仕組みであって、ある特定

の相手がいま何を感じているのか、どんな考えを持っているのか、それは心理学の知識からはわからないことを知ることになる。実は心理学は人の心を読むことを目的とした学問ではなかったことを知り、学生は面食らうが、しかしそうでなくても十分に意義があり面白いものであることを知ることになる。

では、相手が何を感じ、何を考えているのか、知る方法はないのか？ そのような方法をプロのカウンセラーは持っている。しかしそれは、相手を目を凝らして黙って見ていればわかるものでもなく、心を澄ませばテレパシーのように伝わってくるものでもなく、名探偵のように証拠を探し出して推理してわかるものでもない。**相手に「いま何を考えているの？」と聞くこと、そして相手が話すことを丁寧に聞いて理解することである。プロのカウンセラーには、相手が何を感じ何を考えているか、深く理解することが求められるが、相手を理解するときにしているのはただそれだけである。**それで十分なのであるし、それ以上は望めない。プロのカウンセラーは、相手の気持ちや考えを理解するための「聞く技術」のプロなのである。

「聞く技術」は、C. R. ロジャーズがクライアント中心療法を確立する中で、技術や態度を含む方法論として確立された。そしてクライアント中心療法の「聞く技術」は、現在、臨床心理学的援助の基本として学派を越えて、カウンセラーや心理療法家の基本的技術として共有されている。専門書としてではなく、相手の話を聞き深く理解するための基本的技術を誰にでもわかりやすく一般向けに説いたのが、本書である。T

> ▶ カウンセリング／傾聴／共感
> ▶ より良い人間関係を築くために必要な態度と方法

さらに知識を深めたい人に
□『クライアント中心療法（ロジャーズ主要著作集 2）』
　カール・R・ロジャーズ著　保坂亨・諸富祥彦・末武康弘共訳
　岩崎学術出版社　2005 年　6,615 円

夜と霧 [新版]

... trotzdem Ja zum Leben sagen: Ein Psychologe erlebt das Konzentrationslager
(Man's Search for Meaning)
ヴィクトール・E・フランクル 著
池田 香代子 訳

みすず書房　2002年　1,575円

人はなぜ、こんなに苦しいのに生きていくのか？

　人生で最も影響を受けた本の名前を挙げるというアンケートが行われると、必ず上位に名前が出てくる本である。中学や高校での課題図書として読んだ人も多いだろう。第二次世界大戦下でのナチスによるユダヤ人強制収容所での体験を描いたこの本が、なぜ心の悩みを扱う章に顔を出すのか？

　著者のフランクルは、実存分析（ロゴテラピー）と呼ばれる心理療法を確立した精神科医である。その独自の立場となる実存分析の考え方は強制収容所に入る前にすでに形作られていた。戦争下で原稿はいったん失われたが、彼の立場はのちに『死と愛―実存分析入門』として出版された。**本書で述べられる体験は、まさに著者が『死と愛』で述べた、人は人生の意味を求める存在である、そしてその意味の充足はどんな状況においても本人の意味への意志という態度によって可能である、というテーマを実体験する場となった。**収容所の衝撃的な実態以上に、そのような環境下でも人が生き延びることができるのはなぜかを明らかにしたことに本書の大きな意義がある。

　「あなたは余命１か月です、その１か月を病院のベッドで痛みに耐えながら過ごさなければならない」と宣告されたら、どうするだろうか？　多くの人が、ただ死を待って過ごすならばいっそのこといまの時点で自殺してしまったほうがいいと考えるだろう。自殺は

できなくても、生きる意味を見いだせず絶望感に圧倒されるままに残りの時間を過ごしてしまうかもしれない。逆にこのような宣告がなかったら、人生に意味を見いだすことは簡単になるだろうか？実はそうではなく、意味もなく暇をつぶして時間を過ごし、人生の意味を求め始めるとよくわからなくなって追求をあきらめてしまうのではないだろうか。2つの状況はまったく違うようでいて、人生の実存はそれほど変わらない。死の宣告を受けていなくても誰の人生も限られていて、期限を知らないのでそのことを忘れているだけであり、人間は世界から与えられた条件の中で生きていかなくてはいけない。否応なしに投げ込まれた世界の中で、自由にできるのは自分の意志だけである。自分で自由にできるものだけが自分が責任を持たなければならないものであり、その意志に責任を持つことが人間の責任性である。この責任性の自覚がなければ、どちらの状況であっても、人は実存的空虚を体験し、その意味の不在に苦しむ。

　本書を読んで「ひどい人間もいるものですね、私は平和な時代に生まれてよかった」という安易な感想だけは述べてほしくない。**フランクルが提示した問いは、特定の時代のことを述べているのではなく、人間の実存についての問いである。人間の実存状況は人間である限り、フランクルが生き延びた人生、強制収容所で終わりを迎えた人生と何も変わらないのである。**あなた自身の人生もいずれ終わる。あなた自身もなんらかの苦悩と立ち向かう。その時に必要になるのは人生の意味である。それは誰も教えてくれない、いまこの瞬間にも自分自身の意志で答えなくてはいけない。🆃

> ▶ 実存分析／意味への意志／態度価値
> ▶ 人は人生の意味を見いだすことができる限り、どんな苦悩にも耐えることができる

📖 さらに知識を深めたい人に ────────────
□『死と愛―実存分析入門』ヴィクトール・E・フランクル著　霜山徳爾訳　みすず書房　1985年　2,520円

203

自分をみつめる心理学

串崎 真志　著

北樹出版　2011 年　2,205 円

自分を知るためのワークが満載

　「自分を知るための心理学」といったタイトルの本は何冊か出ている。しかし、これらの本の多くは単なる心理学の概説書であることが多く、人間の知覚や記憶、性格のメカニズムやカウンセリングの基礎知識を学ぶことはできても、結局のところそこに書かれているのは「人間一般」のことであって、「自分自身」を知ることにはならないものが多かった。本当に自分の心に向き合い、自分を知るためのガイドブックは実はいままで出版されていなかったのかもしれない。

　さて、この本、『自分をみつめる心理学』はその中にあって、初めて出版された、「自分」というものを知るためのガイドブックである。いや、ここで「知る」という言葉を使うのはもしかしたら、少し概念が狭すぎるかもしれない、なぜなら、この本には、**知的に自分を理解するといったこと以上に、私自身を感覚として感じたり、体を通してこころを整えたり、過去から未来に続く人生全体の流れの中に自分を位置づけたり、もっと大きな意味での自分自身をとらえる試みが詰まっているからである**。そのような意味で「知る」という言葉でなく、著者が「みつめる」という言葉を使ったのはまさに適切だ。

　さて、では、どのような方法で自分を「みつめて」いくのか。**この本では、臨床心理学やそのほかのさまざまな心理学領域で開発さ**

れてきた、自分をみつめるためのさまざまな技術をワークとして実行しながらそれを行うという形をとっている。

　たとえば、ケリーの役割固定法のワーク。これは、自分自身とちょっと違う、少し理想的な自分のイメージを作ってそれを日常生活の中で演じるワークだ、次に、地に足をつけるワーク。これはしっかりと地面に足をつけて、その感覚を確かめ、自分がいまここにいること、安全感、安心感をしっかりと感じ取っていくワークである。ほかには、自分の凝り固まったネガティブな言語的命題に「かもしれない」という言葉を付加していくことによって希望を作り出していく可能性語彙ワーク、さまざまな精神症状や問題行動の背景には、悩みを言語化して考えてしまいそれに人々が振り回されている状態があると考え、思考を自分自身と切り離して受け流していく脱フュージョンワーク、二人組になって、相手から「〜したい」とか「〜できそうな気がする」といった回答を引き出すように会話をしていくチェインジ・トークなどなど、本当にたくさんのワークが紹介されており、かつその実施法が簡潔にわかりやすく記述されている。

　自分の心に興味を持ち、自分を知りたい人に、ぜひ読んで、いや、体験してもらいたい一冊だ。

- ▶ 自分を知る／ワーク／心と体／脳と心
- ▶ さまざまなワークを実行しながら、自分とは何かをみつめていく自分探求のガイドブック

さらに知識を深めたい人に

- □『煩悩リセット稽古帖』　小池龍之介著
  ディスカヴァー・トゥエンティワン　2009年　1,512円
- □『マンガで学ぶフォーカシング入門─からだをとおして自分の気持ちに気づく方法』　村山正治監修　福盛英明・森川友子編著
  誠信書房　2005年　1,995円

改訂版
アサーション・トレーニング
さわやかな〈自己表現〉のために

平木典子　著

日本・精神技術研究所　2009年　1,575円

自分の気持ち、主張を伝えることも技術である

　「アサーション」とは耳慣れない言葉である。辞書でassertionを引くと「主張」「断言」とある。本書によると、アサーションとは「自他尊重の自己表現」とある。つまりどういうことだろうか？多くの人にとってストレスの源泉は対人関係である。なぜ対人関係がストレスになるかといえば、互いに要求するものが異なるので自分一人の自由にはならないからである。ここで自分の存在を自分で守るために、自分が声を上げること。それがアサーションである。**自他尊重とあるように、単に自己尊重ではない。他人を押しのけて、強く自分の権利を主張して自分の意思を通そうということではない。他者の人権も認めたうえで、お互いの人権を尊重できる解決策を探しましょうというのがアサーションなのである。**

　西洋は自己主張を尊重する文化だからアサーションが必要だろうけれども、東洋、日本は自己主張をしないことを貴しとする文化だからアサーションはそぐわない、という意見をよく聞く。日本では自己主張をするほうがストレスが増すので、我慢して周りに合わせたほうがいいという。しかし、文化の違いこそあれ、人間関係の中で人間が悩んでいることはそう変わらない。日本人でも西洋人でも、自分の気持ちを周りが理解してくれず、自分の気持ちを踏みにじられたらストレスに苦しむ。周りに自分の気持ちを察して行動してほしいという期待、周りの人間の気持ちを察して行動しましょうとい

う社会的コードは、期待であって現実的ではない。ストレスを受ける場面で我慢して、他で憂さ晴らしをして発散するというのは一般的な日本人の姿かもしれないが、健康的とはいえない。このような状況の中で、相手が自分の気持ちを察して行動することを期待するのではなく、自分の気持ちを伝える責任を自分が引き受けるというのがアサーションの発想である。

「アサーション」は理解しにくい概念であり、とかく誤解されやすい。しかし学校、職場、家庭、あらゆる対人関係で必要とされる技術であり、ストレスだらけの人間関係の中で、その有用性と必要性は疑う余地がない。問題は表面的な理解で誤解に基づいた自己主張がなされる、またアサーションの意味と重要性を理解してはいても、それをどう表現すればよいのかわからないことである。

アサーションの具体的な技術とは、自分の人権が侵害された状況（人は誰しも心地よく過ごす権利を持っている！）の中で、相手に対してまずは状況を具体的客観的に述べ、それに伴う自分の気持ちを述べ、相手の気持ちに共感を示し、お互いが気持ちよくできるための明確な解決策を示すことだ。 決して単純で簡単なことではないが、トレーニングによってうまく表現できるようになるものである。

後からでよいので、どうやって自己表現すればよかったのか考え、きちんとシナリオを作って実際に口に出して練習してみる。初めはしっくりこないかもしれないが、練習を重ねることで、だんだん自然にアサーティブな発想と表現ができるようになる。ストレスに積極的に向き合うとはそういうことである。

▶ アサーション／自己表現／コミュニケーション
▶ 対人関係の中で心地よくいるためには、適切な自己表現の方法が必要である

さらに知識を深めたい人に
□『自己カウンセリングとアサーションのすすめ』 平木典子著
　金子書房　2000年　1,575円

変化の第一歩
日常生活やセラピーを変える実践ガイド

Change 101: A Practical Guide to Creating Change in Life or Therapy
ビル・オハンロン 著
串崎 真志 監訳　永井 知子・酒井 隆 訳

金剛出版　2009年　2,730円

心理療法は特別ではない…場合もある

「豚に歌を教えようとしてはいけません」という章から始まる。ここだけを読むといったい何の心理学の本なのかといぶかしがる方もいるだろうが、本書は日常生活を変えたい「あなたのための」実践ガイドでもあり、またセラピーを変えたい「セラピストのための」実践ガイドでもある。セラピスト（心理療法家・カウンセラーと読み替えてよい）は日夜、治療的な「変化」をクライエントに引き起こすべく努力をしているわけだが、**ブリーフ・セラピーと呼ばれる心理療法で高名な著者が、そのような「変化」をもたらすためにどのようなことを考えなければならないか、どのようにすれば「変化」を作り出すことができるのかを紹介した、気軽に読める一冊である。**

本書は9章からなっている。その章のタイトルを列記してみると（前述の「豚に歌を…」は第1章）、「千里の道も一歩から」「同じことをくり返してしまうとき」「52枚のカードを拾いましょう」「やはり、これでいいんだ」「習慣をリフレーミングしましょう」「自宅で精神分析をしましょう」「自分自身になりましょう」…と続く。たとえば第1章では、モチベーションを6つに解剖して、クライエントがどのようなモチベーションを持っているときに、そのモチベーションを変化のプロセスに使うステップとしてはこのように、といった調子で具体的に説明されている。また第3章では、「パター

ンを崩す」というテーマが扱われ、さまざまな「パターン崩し」の技法が取り上げられている。このような、変化をもたらす、変化を作り出すためのセラピー場面の様子を、クライエントとセラピストのやりとり形式で示している点も、興味深く読めるだろう。

最後の9章では、「変わらないためにはどうしたらいいのでしょうか」、行き詰まったままでいるための11の作戦、という逆説的な「要約」がある。この紹介文を読んで、本書を読んでみようと思われた方は、むしろこの第9章を最初に読むといいかもしれない。真面目で善人な読者には意外に思われそうな、「誰の声にも耳を傾けてはいけません」とか、「変わることよりも、正しいことを重視しましょう」などという項目もある。さらに、スペシャルボーナスセクションとして「人を変化させないための方法」までご教示いただける！　本書を第1章から読むためのモチベーションが上がること間違いない。

本書がそうであるように、心理療法には特別な訓練もなく自分で試みることのできる対処もいくつかある。まずは相談機関に行く前に、自分でできることを試みることも、一つの方法ではある。実はクライエントは、セラピー前（最初の相談よりも前）に、はっきりとした改善・良い変化を報告することも知られている。相談してみようというモチベーションの高まりそのものが「変化」をもたらす大きな要因となる。Ⓜ

> ▶ 日常生活とセラピーを変える／逆説「変わらないための方法」
> ▶ 変化を作り出すためのセラピー場面を具体的に紹介

さらに知識を深めたい人に
□『可能性療法―効果的なブリーフ・セラピーのための51の方法』
ビル・オハンロン、サンディ・ビードル著　宮田敬一・白井幸子訳
誠信書房　1999年　1,890円

オープニングアップ
秘密の告白と心身の健康

Opening Up: The Healing Power of Expressing Emotions

ジェームズ・W・ペネベーカー　著
余語 真夫　監訳

北大路書房　2000年　2,520円

心と身体の健康と「秘密」の関係を探る

　秘かに誰かに告白する（「コクる」）、ではありません。念のためあらかじめお断りを。

　監訳者まえがき冒頭箇所をそのまま拝借すると、「誰にも打ち明けられない秘密をもっているとき、心と身体では何が起こっているのでしょうか？　長い間、心の奥底に封じ込めてきた秘密を告白したとき、心と身体にどのような変化が起こるのでしょうか？」。**人は誰でも、秘密のひとつやふたつやみっつくらい（もっと多い人もいるだろう）は抱えながら生きているものだが、その誰にも打ち明けられない事柄やそれにまつわる感情が心身に悪影響を及ぼすことがある**。特に著者自らがまえがきで紹介しているように、「情動的に混乱した経験をことばに置き換えることが、あなたの思考や感情、そして身体的健康にどのような影響を及ぼすのかについて」の諸研究が、読みやすく紹介されている。

　非常におおざっぱに言うならば、秘密を「抱える」＝「抑制する」ことが心身の健康をおびやかし（2章・5章）、そのような秘密を「話す・語る」もしくは「筆記する」ことが健康をもたらす（3章・4章）、ということになる。だがそれはあくまでも単純な図式であって、このことにかかわるさまざまな要因があることは明らかである。たとえば、抑制することについて、その抑制が（心だけではなく）身体にも負荷をかけるというのはどういうことか、その内

容がポジティブな感情を伴うものであるときは（9章）、もともと「抑制的な」パーソナリティの人とそうでない人の違いは（10章）、抑制が個人でなく集団の中で行われているときは（11章）、などなど。もう一方の「話す・語る」ことについては、このような能動的対処を速めるにはどうしたらいいのか（6章）、筆記することの価値とはどのようなものであるか（7章）、誰に、どんな場所で話せばいいのか、また聞き手側に及ぼす影響は（8章・12章）、などなど。第一人者といえるペネベーカーが自ら行った研究を交え、かつ、ときおり実践面でのポイントも挙げながら進む。たとえば筆記について、どんな話題を筆記すべきなのか、いつどこで筆記すべきなのか、筆記したものはどう扱えばよいのか、筆記の代わりにできることはあるのか、筆記の最中や筆記した後でどんなふうに感じるのか。読者は抑制や開示に関する心理学的知見だけではなく、さらに心理学の「研究成果」が普段の「生活」とどのように関連するのか、その上質な融合を味わうことができる。

　ブログや mixi などの SNS、Twitter などを利用して日々あれこれを書いている／つぶやいている方々も多かろう。直接的にではないが有益かもしれない問いかけを：「筆記のマイナス面」（276ページから）。**あなたは何かの行為をする代わりに筆記しているのでしょうか？　あなたは自分の不満を自由に表現できる場として筆記していませんか？　あなたの筆記は内省を深めるためのものなのでしょうか、それとも自己陶酔のためのものなのでしょうか？**…耳の痛いこと。では、このことは心のうちに秘密として抱えて、ブログにはアップせず、ここに筆記開示しておこう。M

> ▶秘密について語り、書くことと「生活」との関連

さらに知識を深めたい人に

□『筆記療法―トラウマやストレスの筆記による心身健康の増進』
ステファン・J・レポーレ、ジョシュア・M・スミス編　余語真夫・佐藤健二・河野和明・大平英樹・湯川進太郎監訳　北大路書房　2004年　3,570円

207

個性はどう育つか
ドルフィン・ブックス

菅原ますみ 著

大修館書店　2003年　1,785円

パーソナリティは遺伝するのか学習されるのか？

　パーソナリティ心理学は心理学の中で最も関心が持たれる分野の一つであろう。私はこういう性格なのに、あの人はどうしてあんな性格なのだろう、とか、彼のような性格になりたいのになぜなれないのだろうか、性格は変えることはできないのか、など、誰でも一度は考えたことがあるだろう。

　ところで、そもそも性格はどのようにして決まるのだろうか？遺伝だろうか、それとも環境だろうか？

　十数年前までほとんどの心理学者は、環境で決まる部分が大きいと思っていた。しかし、近年、双生児法を使った性格の遺伝の研究が蓄積されていくに従って、どうもそうではなく、遺伝によって決まる部分もかなり大きいのではないかと考えられるようになってきた。

　これらの研究をきっかけにパーソナリティの研究も大きく変化し、新しい時代を迎えたのである。この本は、その新しい時代の新しいパーソナリティ心理学をわかりやすく紹介した本である。パーソナリティに関する正しい最先端の話題を知りたいなら、この本はまず最初に手に取るべき一冊であろう。

さらに知識を深めたい人に

- □ 『心はどのように遺伝するか―双生児が語る新しい遺伝観』　安藤寿康著
　ブルーバックス　2000年　945円

208

スヌープ！
あの人の心ののぞき方

Snoop: What Your Stuff Says About You
サム・ゴズリング　著
篠森ゆりこ　訳

講談社　2008年　1,890円

部屋の様子からその人のパーソナリティを読み取れるか？

　スヌープとは、のぞき見とかこそこそかぎ回るという意味である。この本は、ある人のパーソナリティをその人の周りのさまざまな手がかり、たとえば、寝室の様子や握手のしかた、部屋やオフィスの整理整頓具合、持っている車、メールのアドレスなどから、どの程度読み取ることができるかについての研究エッセイである。

　このような素人受けするようなテーマは一見、とてもプロの心理学者が研究すべきようなものではないように思われるかもしれない。 特にまじめな大学院生などはこういうテーマを馬鹿にするものだ。しかし、考えてみればパーソナリティについての研究はこういう素朴な疑問から始まったのであり、一部のまじめすぎる人を除けば、われわれが一番知りたいのはこの部分であろう。

　この本の著者テキサス大学のゴズリングはさまざまな文献を集め、苦労してデータ（さまざまな人の部屋の写真など）を集め、正攻法でこの問題に挑んでいくのである。武器は五因子性格検査だ。さまざまな研究の結果、まじめすぎる研究者は気づかなかったであろう、なかなか興味深い法則が次々に明らかになっていく。われわれが日常で感じるちょっとした疑問をしっかりとして手続きで解明していくのが心理学だということをわからせてくれる良書である。

はじめて学ぶ
パーソナリティ心理学

個性をめぐる冒険

小塩真司　著

ミネルヴァ書房　2010年　2,625円

パーソナリティとはそもそも何なのか？

　パーソナリティ心理学は、人間の行動の個人差についての科学的な研究を行う分野であり、この本はパーソナリティ心理学の初学者に対する導入書でもある。しかし、この本は従来あるこの種のテキストブックと大きく異なっている部分がある。

　それは、いままでの本が、さまざまなパーソナリティ理論や心理テストを羅列的に紹介していることが多いのに対して、**そもそもパーソナリティというのはどのようなもので、それを測定するということはいったいどういうことなのかを説明することに重点が置かれていることである。**

　心理テストの結果を見て一喜一憂したり、友達の結果を見て楽しんだりするようなことも当然われわれはするわけであり、これをしてもいけないわけではないが、やはり、これは素人である。心理学を学ぶということは、むしろそのテストの背景にある理論を学びそれを身につけるということであるから、この本はまさに本格的にパーソナリティを学びたい人のための本となっている。

　などと書いてくると内容は極めて高度で一般の人を寄せつけないように思われるが、この本はそうではない、このような一見取っつきにくいような基礎的な問題をかなり平易にかつ、面白く書くことに成功している。しかも、最近大きく発展しているパーソナリティ心理学の最先端の成果をかなり取り入れており、最新の本でもある。

この本は、まず、第2章でパーソナリティという概念がなぜ必要なのか、それを測定するために、心理学者はどのような考え方をしているのかがじっくりと説明される。特にパーソナリティと行動との関係についての記述は興味深い。**パーソナリティがそのまま行動と関連しているのではなく、環境要因と交互作用しながら観察できる行動を形作っていくという指摘は、この分野を研究していく場合、常に考えていなければならない問題だ。**第3章では、パーソナリティを測定するためのテストがどのような発想に基づいて構成されているかが説明される。ここでは、相関係数などテストについて理解するための基礎的な数学的概念も同時に説明される。第4章は信頼性と妥当性の説明である。これらはパーソナリティテストを作成するとき最も重要になる概念であるが、これらの概念をかなりかみ砕いた適切な例で説明している。この概念は多くの類書で取り上げられているが、なかなか理解が難しかった。いままで理解できなかった人もこの本を読めば、目から鱗が落ちるだろう。さらに、第9章と第10章では、ここまで学んだことをもとにして血液型性格判断についてかなり詳しく解説している。ちょっと下火になったとはいえ、多くの大学生が血液型性格判断を信じている状況では、専門的な観点からこれを分析しているが、ここまで学んだパーソナリティ心理学の知識を総動員できる、いい例題となっている。

▶ パーソナリティ／妥当性／性格を測定するとは？
▶ パーソナリティについて勉強する場合の基本的な考え方をわかりやすく解説

さらに知識を深めたい人に

□『心理尺度のつくり方』　村上宣寛著　北大路書房　2006年　2,310円
□『パーソナリティ心理学―全体としての人間の理解』
　ウォルター・ミシェル、ショウダ・ユウイチ、オズレム・アイダック共著
　黒沢香・原島雅之監訳　培風館　2010年　7,980円

210

パーソナリティと臨床の心理学
次元モデルによる統合
心理学の世界　教養編 5

杉浦 義典・丹野 義彦　共著

培風館　2008 年　2,205 円

図書館にある「臨床」「パーソナリティ」本とは違う

　培風館から刊行されている「心理学の世界」シリーズ 35 巻のうちの一冊である。ここには 3 つのグループ「教養編」「基礎編」「専門編」が用意されており、本書は「教養編」に属している、ことになっている。巻頭の案内を読むと「とにかく気楽に、楽しく勉強してみたいと考えている読者を対象に」とあるのだが、その言葉にだまされてはいけない。**本書は「パーソナリティ心理学」と「臨床心理学」の講義を受けたことのある大学 3・4 年生や大学院生向けの、いってみればすでに「教養のある人」向けの、姿勢を正して読む高度な専門書（専門的教養書？）である**。気楽には読めない。

　パーソナリティとは個人差や個性のことをさし、パーソナリティ心理学のテキストはたいてい類型論（「タイプ分け」）と特性論（「ものさし」）の考え方の記述からスタートする。本書も 1 章で、確かにそのような解説がある。続く 2 章では、特性論的な考え方につきまとう問題、すなわち「特性はいくつ必要か」「特性の数をどのように決めるのか」などから、現代の特性論の主流といえる「ビッグファイブ」理論が見いだされるまでの経緯について述べられている。ここまではパーソナリティ心理学のテキスト的にはオーソドックスだが、アイゼンクはともかくテレゲンの 3 次元、"コンセンサスの得られた 4 次元"のことまで書かれているのはテキストとしては珍しい。3 章では「臨床的問題とパーソナリティ」として、精神疾患

と健常群の連続性から精神疾患の次元モデルが導入される。その後臨床心理学研究にシフトし、4章・5章ではうつ病の、6章では不安の理論と臨床が解説されている（このあたりは著者お二人の著書ではよくお見かけする話題）。7章では「不安・うつ病の統合モデル」として、合併率が高く臨床心理学的研究の観点からはよく議論になる点を、ポジティブ情動傾向とネガティブ情動傾向（これは2章で登場したアイゼンクやテレゲン、そしてワトソンの提唱する次元説にかかわってくる）というパーソナリティ特性を交えて解説。8章は「心配」。9章では「さらに幅広い病理の構造を知る」として、クルーガーらの内在化—外在化モデルが解説される（内在化とはそれまでの章で扱われてきたようなうつ病や不安障害をさし、外在化とは反社会的行動や薬物依存などの問題をさす）。10章では「心理療法の技法を分類する」、効果的な治療に共通する特徴が検討され、"コンセンサスの得られていない"（これは私による命名なのでご注意を）、**ビッグファイブの最も影の薄い「開放性」（好奇心や遊び心）次元が心理療法の治療効果に影響を及ぼすとして光が当てられる**。そして「あとがき」に掲載されている図 a が、本書の内容のまとめとなっている（大団円を迎える、といった構成）。

　このように、相当高度な内容を含む「教養編」の一冊なので、通読すると大変教養が備わる！　ところで、（素人的にはまずそれありきなのではないかと思われそうな）パーソナリティ次元とパーソナリティ障害との関係の紹介がほとんどないところは、それを期待して手にした読者には不思議な印象を与えるかもしれない。Ⓜ

▶ 特性論／ビッグファイブと臨床心理学
▶ 実は「教養のある人」向けの高度な専門書

さらに知識を深めたい人に
□『認知臨床心理学入門―認知行動アプローチの実践的理解のために』
ウィンディ・ドライデン、ロバート・レントゥル編　丹野義彦監訳
東京大学出版会　1996年　4,200円

自傷行為の理解と援助
「故意に自分の健康を害する」若者たち

松本俊彦 著

日本評論社　2009年　2,520円

なぜ、わざわざ自分の体を傷つけ、痛めつけるのか？

　自傷行為とは、故意に自らの身体に損傷を与える行為である。代表的な自傷行為はリストカットであり、摂食障害、過剰服薬や危険行動などが含まれる。自傷行為には行為が繰り返される、集団内で他者に同様の行為が伝染するという特徴がある。自傷行為の生涯経験率は、著者らの調査によると日本で男子7.5％、女子12.1％であり、決して特殊な行動ではない。またこの統計は生涯経験率であるが、その多くは思春期、青年期初期にある「若者」によって行われる。マンガやインターネットなど若者を中心としたサブカルチャーの中で、リストカットはある特定の位置を占めるに至っており、その存在はすでにありふれたものとさえいえるのかもしれない。

　人間は本来、痛みを避けるものであるのに、なぜわざわざ自ら痛みを伴う行為を行うのか？　著者はこれに、「身体の痛み」で「心の痛み」にフタをすること、と端的に答えている。この理解はきっと自傷行為をせざるをえない若者に共感される言葉だろう。「心の痛み」は目に見えないから周りから見えないし理解しがたい、そして自分自身にもコントロールできないが、それを「身体の痛み」に置き換えることによって、一時的にであれ目に見えコントロールできるような錯覚を得るのである。

　本書は、専門書であるとともに実践書としての役割を果たしている。自傷行為の実態を客観的に述べるだけにとどまらず、そのよう

な行為を理解するために必要な社会文化的背景や心理的機制、問題をアセスメントするポイント、その問題の解決のために自傷行為に走る若者自身ができること、そのような若者にかかわって解決へ向けて援助する周りの人ができることについてもまとめている。

本書で述べられている周りからの援助で重要なこととして、援助者はタフにならず仲間を作れという注意点が挙げられている。自傷行為を行う若者は誰にでもその行為を打ち明けて頼るわけではなく、信頼できる人だけに打ち明ける。このため打ち明けられた人が一人でその援助を抱え込んでしまうことがある。頼られる人はタフな（屈強な）人であることが多いが、それでも問題を一人で抱え込んでしまうと、いつの間にか問題に巻き込まれてしまったり、タフな（乱暴な）対応に陥ってしまう。それを防ぐためには、仲間を作り複数で援助することが絶対に必要である。危機の時には24時間、連絡を受けられるように支援する必要があるかもしれない、その時に一人では対応できないし、そのことで相手が命を落としてしまっては援助に失敗したという罪悪感を抱えることとなってしまう。

『卒業式まで死にません―女子高生南条あやの日記』は自傷行為を行い最終的には死に至ってしまった高校生の日記である。インターネット上に公開された日記であるが、自傷行為で紛らわすしかない心の痛みがどのようなものか赤裸々につづられている。本書とともにぜひ読んでおきたい。**T**

> ▶ 自傷／自殺／リストカット／自傷行為への援助
> ▶ 自分で自分を傷つけるという行動をどう理解し、どう向き合えばよいのか

さらに知識を深めたい人に
□『卒業式まで死にません―女子高生南条あやの日記』
　南条あや著　新潮文庫　2004年　500円
□『遺書―5人の若者が残した最期の言葉』　verb制作
　幻冬舎文庫　2004年　520円

212

侵入思考
雑念はどのように病理へと発展するのか

Intrusive Thoughts in Clinical Disorders: Theory, Research, and Treatment
デイビッド・A・クラーク 著
丹野 義彦 訳/監訳
杉浦 義典・小堀 修・山崎 修道・高瀬 千尋 訳

星和書店 2006年 2,940円

さまざまな「雑念」が「病理」につながるまで

　私たちは普段いろんなことを考えながら生きている。何か課題に集中して取り組んでいるときには、ぜひともその内容に集中して取り組みたいと考える（たとえば、この本の私の原稿をぜひとも仕上げなければならない！ しかも遅れているし！）。だがしかし、そんな私の思考はいろんな理由でたやすく妨害される。外から何かがやってくることもあるが、そうでなくても、私の意思とは無関係に生じるさまざまな認知活動によって、頻繁に。本書は、そのような意思とは無関係に生じる「雑念」的な思考やイメージや衝動＝侵入思考が、臨床心理学や精神医学で扱われる心理的障害やその傾向とどのように関係するのかを、多くの研究の成果を交えて紹介している、専門的な、ちょっと難しめの本である。

　まず第1章を読もう。「健常者にみられる侵入思考」では、健常者（非臨床群）と患者（臨床群）に見られる侵入思考の内容・質には大きな違いは見られず、むしろその強度（頻度・量）が異なることが説明されている。**つまり、健常者に見られる侵入思考がなんらかのプロセスを経て、高頻度で苦痛の大きい、制御不能な臨床的障害を引き起こす（ことがある）、と考えられる。**

　第2章以降では、外傷後ストレス障害、うつ病、不眠症、全般性不安障害、強迫性障害、精神病、性犯罪者などの臨床的障害におけるそれぞれの侵入思考の性質が論じられている。必ずしも順番どお

りに読む必要はなく、関心のあるところから読んでかまわない。概してそのような臨床的障害における侵入思考は不愉快で苦痛なものであり、そのような状態に陥った人はさらにその「思考について」また思考し（たとえば自我違和感を覚え）、そのような侵入思考にどのように対処するか（思考を「抑制する」とその思考がより強まるという思考抑制の逆説的効果もよく知られている）、などがうまくいかなくなることで、問題をさらに悪化させることもある。**このように見てくると、侵入思考を研究の対象とすることで、臨床的問題の発症や持続のメカニズムを明らかにすることだけでなく、臨床心理学的（あるいは精神医学的）な治療方法についてのヒントをも得ることができるようになる。**

　健常者にも見られる現象と臨床的障害とを「つなぐ」ことには2つのメリットがあるように思われる。第一に、そのような心理的障害を抱える人々に対する視線が変わるだろう。彼らの抱えている問題は、私たちの中にも存在する何かが「発展してしまった」にすぎないことが理解されよう。そのような理解は、心理的障害に対する偏見やスティグマを軽減する効果があろう。第二に、思考そのものについて思考する態度が養われるであろう。私たち自身の「こころ」を少し離れて、科学的な視点から観察し考えてみることは、精神的な健康を保つうえでもメリットがある。さて。ここまで書くまでの私の侵入思考はどんなものであっただろうか。振り返ってみよう。Ⓜ

- ▶ 健常者の雑念／臨床的障害を引き起こす過程
- ▶ 思考の内容やその形式について思考すること

さらに知識を深めたい人に

□ 『エビデンス臨床心理学—認知行動理論の最前線』　丹野義彦著
　日本評論社　2001年　2,940円

213

精神症候学 [第2版]

濱田秀伯　著

弘文堂　2009年　8,610円

精神医学の「読む事典」

　精神科の先生が何をどう「診察」されているのかは、とりわけ精神科にかかったことのない人々にはよくわからない、謎であるかもしれない。そして、ここにこの本を心理学の書籍として紹介することがどのような意味を持つのかも、もしかしたら謎と思う方がいるかもしれない。

　本書のタイトルである「精神症候学」については2ページに、次のように記されている。「精神症候学とは、患者に生じた異常体験を心理学的所見として取り出し、その特徴を適切な表現を用いて記載し、それぞれの成り立ちや相互の関連、意味するところを吟味して再構成することにより、精神障害を把握しようとする精神医学の一手法である」。**精神症候学はこのように、精神医学の中でも心理学的所見を主として扱う。その知見や方法、考え方を学ぶことは、臨床心理学もしくは「病態心理学」的観点からも有益であり、とりわけ病院・クリニック等で臨床活動を行う心理士には学ぶところが多いであろう。**巻末の「初版あとがき」の冒頭には、著者による本書の紹介も記されている。「本書は、精神現象のとらえかたの基本を述べたものである。すなわち、実際の患者を前にして、何を考えながら、どのように症状をとりあげ、どの用語を選んで病像を組み立てるかについて記したもの」である。

　序説に続いて、第Ⅰ部は「外観・行為の異常」として、年齢・性

差、ライフサイクルから、体型、性格、態度、表情、言語活動、行動の変化等々の症状がまとめられて記載されている。第Ⅱ部は「異常体験」として、意識、自我・自我意識、知覚、感情、意志・欲動、思考、記憶、知能のそれぞれの障害が記載されている。分量に注目してみると、第Ⅰ部は39ページから215ページ。第Ⅱ部は217ページから404ページ。すなわち、観察されることで把握される患者の内面生活や精神状態に177ページ、患者に語ってもらうことで把握される病態の内的側面に188ページが割かれているのである。**臨床心理学・カウンセリングの分野では「傾聴」、語りをじっくりと聞くことが重視されている。それはそれで大事なことではあるのだが、いわば「傾視」、じっくりと見ることもそれと同じように重要なことだと、この本は教えてくれているように思われる。**

冒頭で「読む事典」と紹介したが、これを通読することはなかなか至難である（私は、まだ最初から最後まで通読できていない）。おそらく、無理だろう。むしろパラパラめくって目にとまった項目を拾い読みし、和文索引や欧文索引（英語だけではなく、ドイツ語やフランス語も。さらに、語源としてのギリシャ語やラテン語も）、そして人名索引から、知りたいこと・知りたい用語を取り出してその項目（とその周辺）を読むことのほうが多い。だから、これほど索引にお世話になる本も珍しい！　これら膨大なすべてをお一人で執筆された著者（索引は編集者の方のお仕事であろうか）には、頭が下がるばかりである。M

▶ 外観・行為の異常／異常体験／「傾視」と傾聴の重要性
▶ 膨大な索引を大いに使って、知りたいことを読む事典

さらに知識を深めたい人に
□『精神病理学臨床講義』　濱田秀伯著　弘文堂　2002年　6,825円

214

アナログ研究の方法
臨床心理学研究法 4

下山 晴彦 編
杉浦 義典 著

新曜社　2009年　3,465円

臨床心理学で卒論を書きたいんですけど、どうしたら…?

　…というような質問を、卒論（ゼミ）の指導教員決めの時期にはよく聞かされることになる。どうやら、臨床心理学は他の心理学とは異なるテーマを、限定された対象者に対して、特殊な研究方法を用いて研究する分野と考えられているようである。

　本書の帯には「臨床群と健常群の間は、これまで考えられていたよりも近い！」とあるが、このように考える、つまり、たとえば不安障害について研究しようと思ったときに、不安障害患者を直接対象にするのではなく、不安傾向の高い"近似の対象者"（「アナログ」）に関する研究を行うことを、アナログ研究という。**本書はこのアナログ研究の考え方や具体的な方法を詳細に解説した、初めての書籍である。卒論のテーマや方法に悩んでいるそこのあなたには、ぜひ一度読んでいただきたい。**

　結論から言うと、目的の異なる3つのタイプの研究がありえることになる。第一は、「記述研究」（第2章）であり、健常者が体験する症状（のような現象）がどのような特徴を持っているのか（強さ、持続など）を詳細に記述し、それらを測定するアセスメントの開発を含む。そのような研究から、たとえば強迫観念、妄想、躁病などの症状に関して、健常者の中に、そのような「症状」を有している人がどの程度存在するのか、どれほどの強さがあるのか、などといったことが明らかにされる。第二は、「異常心理学研究」（第3章・

第4章）であり、どのような人が心理的障害を発症するのか、どのような場合にそれが維持されるのかを研究する。発症や維持のメカニズムが明らかになれば、そのことが予防や軽減に役立つことはいうまでもない。第三は、「介入研究」（第5章・第6章）であり、なんらかの働きかけを行うことで、対象者の状態を変化させることである（心理療法・カウンセリングは「介入」の一つ）。どのような介入によりどの程度の効果があるか、あるいは、どのようなプロセスを経て（なぜ・どのように）介入に効果が見られるのかを明らかにすることは、心理療法そのものの研究でもある。

もう一つ、研究方法の系列による視点が導入されており、個人差を用いる（主として質問紙による）研究（第2章・第3章・第5章）と、実験を用いる研究（第4章・第6章）という分類もある。「臨床心理学を実験で？」と感じる人は少なくないかもしれないが、本書を読むことでその意義を見いだすことができるだろう。

「臨床心理学研究法」シリーズの一冊なので、臨床心理学を専門としていない心理学研究者には目にとまりにくいかもしれないが、本書に記されている多くの研究は他の領域の心理学研究者にも十分に見慣れたスタイルの「研究」であり、また読みごたえのある内容になっている。**本書はむしろ「臨床嫌いな／苦手な」心理学研究者の嫌悪感を低減させる効果があると思われ、またご自分の研究に活かせるヒントが散りばめられているかもしれない。あなたを「臨床」（的）心理学研究へ誘うのではないだろうか。**M

▶ 記述研究／異常心理学研究／介入研究／質問紙と実験
▶ 卒論生はもちろん、臨床専門でない研究者にも役立つ

さらに知識を深めたい人に
□『心理学の実践的研究法を学ぶ』　下山晴彦・能智正博編
　新曜社　2008年　3,780円

心理テスト
理論と実践の架け橋

Psychology Testing: A Practical Introduction
トーマス・P・ホーガン　著
繁桝算男・椎名久美子・石垣琢磨　共訳

培風館　2010年　5,985円

心理テストの全部がウソじゃない！

　『心理テストはウソでした』 ➡118 はとても有意義で面白く、ぜひ読むべき本である。しかし、一つだけ大きな問題を持っている。それは、タイトルだけ、表面だけを読んで、心理テストのすべてが虚構だったと勘違いしてしまう人がいるのではないかということである。丁寧に読めば、妥当な根拠に基づかない心理テストがあること、テスト自体にはなんらかの根拠があったとしても実際の使われ方においてそのテストからわかることや結果の確からしさの強度を逸脱して解釈されて用いられている場合があること、心理テストを用いる専門家が必ずしも心理テスト自体の専門家ではなく無批判に誤った使用をしている場合があることを批判しているのであって、心理テストそのものがウソであると述べているのではないことがわかる。**では逆にどのような心理テストは妥当な根拠に基づいているといえるのか、心理テストをどのように用いることが妥当であるのか、心理テストを用いる専門家は何を理解していればよいのかを知るために理論と実践の架け橋となる本が必要となる。それが本書だ。**

　本書の内容は教科書としてオーソドックスだが、網羅的で非常に大部である。心理テストを将来実際に使う必要にある学生が学ぶべき領域は多いので、大部な本は敬遠されるかもしれない。しかし、心理テストそのものの勉強をいいかげんにしてすぐに実践から入ってしまえば、『心理テストはウソでした』が指摘した問題点をその

まま引き継いで批判されるべき心理テスト屋になってしまう。

本書を薦める一番大きな点は、心理テストについてその批判的な視点も含めて紹介されていることである。批判的な視点は、心理テストの結果が拡大解釈されることを防ぐために必ず必要となる視点である。どんな心理テストであれ、マニュアルに従ってなんらかの数値化や記号化が行われる。数値や記号で結果が表されたとき、なんら根拠がなくても人間の心理としてなんらかの客観的な事実を反映したものであるという確信バイアスを抱いてしまう。これは非常に強力なもので、たとえ数値の裏付けが何もないことを知っていても影響されてしまう。心理学者もこのバイアスからは自由ではない。結果を解釈する際に自動的に処理するのではなく、その都度クリティカル・シンキングに基づいて判断することによってのみこのバイアスを防ぐことができる。その作業を怠れば心理テストの結果はウソを生み出すようになる。**理論なしに自分の個人的経験と直感に基づいて心理テストを行うこと、また個人的経験の豊富さやユニークな直感を権威と勘違いしてしまうことが、心理テストがウソだらけになってしまった原因である。**心理テストが生み出したその数値の裏にどのような根拠があるのか、その根拠からその心理テストの結果をどのように用いてよいのか、それを考えられる専門家になるためには本書が述べる心理テストの理論を真剣に学ぶことが必要である。心理テストの経験を重ねることによって、複数の数値や記号の組合せから具体的な人間像を組み立てられるようになるが、その人間像が実際のテストを受けた相手を反映したものであるためには、確かな心理テストの理解と解釈が根底になければならない。

唯一の欠点は、原書が米版であり日本で標準化されていない心理テストも扱われていることである。このため理論を学び、あとは自分で個々の心理テストについて検討する態度が求められる。**T**

> ▶ 心理テストの信頼性と妥当性を理論的に学ぶ

216

臨床社会心理学の進歩
実りあるインターフェイスをめざして

The Social Psychology of Emotional and Behavioral
Problems: Interfaces of Social and Clinical Psychology
ロビン・M・コワルスキ、マーク・R・リアリー　編著
安藤 清志・丹野 義彦　監訳

北大路書房　2001年　6,090円

社会心理学と臨床心理学…仲は良いのか悪いのか

　大学の心理学講義ではたいていこの社会心理学「と」臨床心理学が一番人気である（私はいずれも担当していないが）。そのような2つの心理学の関係を学術的な流れに従ってたどってみると、アメリカ心理学会の雑誌では、1921年に「異常心理学雑誌（Journal of Abnormal Psychology）」が「異常・社会心理学雑誌（Journal of Abnormal and Social Psychology）」となった（このあたりの経緯は本書2ページに）。しかし1965年には「異常心理学雑誌」と「性格・社会心理学雑誌（Journal of Personality and Social Psychology）」に分割され（5ページ）、だがまたしかし1983年には、学会とは別の雑誌として「社会・臨床心理学雑誌（Journal of Social and Clinical Psychology）」が創刊される（9ページ）…。**結局のところ、近づいたり離れたりまた近づいたりと、この2つの心理学の関係は大変「人間的」な匂いがする**。臨床的な問題のすべてではないがその多くは「対人関係的」側面のなんらかの問題を含んでおり、臨床心理学はその問題の発生や持続のメカニズム、診断、そして治療にかかわる心理的不適応・心理的不健康を扱おうとする。他方で、そもそもの対人関係とはいったいどのように成り立っているのか、対人関係に影響を与える要因は何であるのかを明らかにしようとするのが社会心理学である。

　お互いに惹かれるところがあるから接近することがある。本書は

まず冒頭の第1章でそのあたりについての説明がなされている。そしてそれをもとに、第2章以降第13章まで、4部構成となっている。第Ⅰ部は「社会―認知プロセス」。帰属や自己中心性、透明性の錯覚、自尊心や社会的比較などが解説され、臨床的な問題と絡めて議論されている。第Ⅱ部は「社会生活における自己」。自己制御、恥・罪悪感・嫉妬・妬みといった社会的感情、自尊心のソシオメーター理論と臨床的問題。第Ⅲ部は「対人的プロセス」。自己開示、印象管理（有能さ・好ましさ）。第Ⅳ部は「個人的関係」で、ソーシャル・サポート、うまく機能していない関係、集団について。このようなトピックスはいずれも社会心理学のテキストに書かれているから、もし意味がわからないようなら、まずは社会心理学のテキストを読んでからチャレンジするのがよいだろう。**と同時に、これらがわかる学生ならば、関心のある章から読んでみて、自分の知っている社会心理学的概念がどのように臨床心理学的な問題と関係しているのか、知識と関心の幅をさらに広げるのに役立つだろう。**

日本の大学や大学院において、このような「臨床社会心理学」を科目名として開講されている講義はあまりないと思われるので、本書で扱われているような内容を学び研究するためには、本書を読むか、または学会などで開催されるワークショップやシンポジウムに参加するか、実際に「社会心理学」の先生にも「臨床心理学」の先生にも会ってお話を聞いてみる、などをする必要があるだろう。自らの行動で自らが「インターフェイスとなる」ことが求められる、のかもしれない。だがどちらからも疎んじられる可能性もあるから（とっても「人間的」だから）ご注意あれ。Ⓜ

> ▶ 社会と臨床の微妙な関係／共通項は対人関係
> ▶「人間的」な両者をつなぐインターフェイスを学ぶ

さらに知識を深めたい人に
□『臨床社会心理学』 坂本真士・丹野義彦・安藤清志編
　東京大学出版会　2007年　3,990円

認知療法実践ガイド 基礎から応用まで
ジュディス・ベックの認知療法テキスト

Psychology Testing: A Practical Introduction
ジュディス・S・ベック 著
伊藤絵美・神村栄一・藤澤大介 訳
星和書店　2004年　4,095円

認知療法は治療者と患者の共同作業である

　本書は、認知療法を始めたアーロン・T・ベックの娘でベック認知療法研究所の所長であるジュディス・ベックによる認知療法の教科書である。治療者と患者のやりとりの例も豊富で、大学生によくある悩みを扱っているので認知療法の実際のイメージがしやすい。完成度からも今後の認知療法実践のスタンダードとなる本である。

　古代ギリシアのストア派哲学者エピクテトスの「提要」に「人を悩ませるのは、事柄そのものではなくて、事柄に関する考えである」という言葉がある。認知療法の考え方はこの一言に還元される。しかしながら、人の考え方はそう都合よくコロコロ変わるものでもない。「もっと気楽に考えようよ！　ポジティブシンキングだよ！」とアドバイスをもらっても、それができないから悩み苦労しているのである。

　ではどうすれば考え方を変えることができるだろうか？　認知療法の答えは、「トレーニングによって」である。いま私はキーボードを叩いて原稿を書いているが、キーボードの打ち方を意識することはなく、何を書こうか、その内容だけに意識が向いている。では初めからキーボードを無意識に叩くことができたかというとそうではなく、何度も何度もキーの場所を確かめて押してというぎこちない作業を繰り返すことで、だんだんと素早く間違えずに自動的に叩けるようになったのである。認知療法では、考え方とは自動化され

た思考であるととらえている。そして無意識的にキーボードを叩くことができるようになったのと同じように、初めは意識的に学ぶ必要があるが、繰り返しそのように考える練習をすることで後には新しい考え方で自動的に考えるようになるのである。どのような考え方に変えるのかについて、認知療法のマニュアルにこのように考えるべきという正解が用意されているわけではない。どのように考えることで悩みが楽になるのかは、治療者と患者が共同作業によって探すことになる。

　認知療法の特徴の一つに心理教育的であるという点がある。認知療法では治療者と患者の共同作業によって患者の誤った信念を変える作業を行うが、最終的には治療者なしで患者が自らの力で適切な考え方を探し獲得する作業ができるようになることが治療終結の目標となる。**魚を食べたい人に魚を数匹与えるよりも魚釣りの方法を教える、これが認知療法の根本的な考え方である。**

　現在、医学の領域で、科学的な根拠に基づく医療（EBM）の考え方が浸透し、診断や治療などの医学的処置について、これまで以上に科学的な根拠が求められるようになってきている。心理療法に対しては、その多くが個人的直感や経験のみを根拠にしていて、信頼に足るだけの科学的根拠に欠けているという批判がある。認知療法はこのような批判に対して、EBMで評価される科学的根拠を示している数少ない心理療法の一つである。このため、勉強している医師や患者さんから認知療法を試してみたいという声は多い。🅣

> ▶ 自分の考え方を変えることができれば、感情と行動を変えることができる

📖 さらに知識を深めたい人に ──────

□『認知療法実践ガイド 困難事例編─続ジュディス・ベックの認知療法テキスト』
ジュディス・S・ベック著　伊藤絵美・佐藤美奈子訳
星和書店　2007年　4,725円

□『認知療法─精神療法の新しい発展』　アーロン・T・ベック著　大野裕訳
岩崎学術出版社　1990年　5,250円

218

図解による学習理論と認知行動療法

福井 至　編著

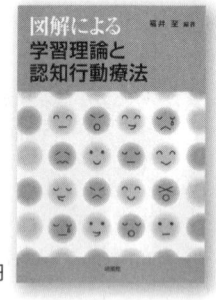

培風館　2008年　2,940円

認知行動療法の実際が「見てわかる」

　認知行動療法とは、「変容可能な認知と行動に働きかけて、不適応を改善していく治療法」である。**近年、認知行動療法のテキストは非常に多く出版されているが、その中で本書は図解を多く取り入れ、大学の講義を受けているような雰囲気で学習できるのが特徴である。**本書前半が特にそうであるが、皆さんはまず左側ページの解説を「読み」、その後に右側ページの図解を見て理解を深める、という一般的なスタイルで本書を読むこともできるであろうし、あるいは逆に、右側ページの図を「見て」・「眺めて」から、関心のあるところの左側に書かれたテキストを読む、というスタイルで読む（いや、「見る」？）こともできるであろう。

　「この療法を『学習』できる」と書いたが、心理学の世界では、心理療法の発展とは別に、学習理論・学習心理学という分野があり、パブロフの犬で有名な古典的（レスポンデント）条件づけや、報酬と罰で自発反応の生起確率を変化させる道具的（オペラント）条件づけ、知覚・記憶・イメージ・理解などのような認知学習などが研究されている。本書のもう一つの特徴は、これらの学習理論についての説明を加えることで、基礎心理学的なコンセプトが、どのように認知行動療法と関連するのかを教えてくれるところにある。

　本書前半の第3章まではそのように、認知行動療法（行動療法、論理情動療法、認知療法）の基本的な考え方や技法が解説されてい

る。類書に比べると、行動療法に含まれる諸技法について詳しく、自律訓練法からセルフ・コントロール法まで、10の技法が紹介されている。続く第4章から第8章までは、うつ病の認知療法の実際や、全般性不安障害・パニック障害・社会恐怖（社会不安障害）・強迫性障害の認知行動療法の実際として、どのように面接・治療セッションを進めていくかの具体例が示されている。読者はその様子をうかがい知ることができる。それと同時に、これは認知行動療法の大きな特徴の一つではあるが、それぞれの精神障害に対してどのような「モデル」（病気の発症や持続のメカニズム・説明理論）が構築されているのかを知る（これもまた、「見る」「眺める」）ことができる。最後の第9章では、その他の認知行動療法として、ストレス免疫訓練と問題解決療法が紹介されている。

認知行動療法は2010年4月から保険点数化され、医療機関で施される機会はさらに増大することが予想される。これは認知行動療法が、心理療法（心理学の世界ではそう呼ぶ）／精神療法（医学の世界ではこう呼ぶ）の中でも「エビデンス」を重視しそれを蓄積してきたことによると考えてよい。**だがそれとは別に、心理学を大学などで学んだことのない読者でも、その考え方（認知行動的アプローチ）を知り、日常生活で生じるちょっとした悩みや問題への対処のヒントになるところがあるだろう。**何かに行き詰まったときに、まずは手始めに、「見て」「眺めて」みるというのは、本書の第三の使い方かもしれない。M

> ▶ 認知行動療法／学習理論との関連／行動療法の諸技法
> ▶ 認知行動的アプローチは日常生活にも役立つ

さらに知識を深めたい人に
□『認知行動療法100のポイント』
マイケル・ニーナン、ウィンディ・ドライデン著　石垣琢麿・丹野義彦監訳
東京駒場CBT研究会訳　金剛出版　2010年　3,045円

219

精神療法面接のコツ

神田橋 條治 著

岩崎学術出版社　1990 年　3,150 円

対話によって心の病は治すことができるのか？

　『プロカウンセラーの聞く技術』 ➡201 が一般向けにカウンセリングの基本的態度を述べたものであるのに対して、本書は、専門家としての精神療法家をめざす人向けに書かれている。しかし一般の読者であっても、臨床心理学を学びたいと考えている人、臨床心理学に何かを求めている人が本書を読めば、臨床家とはどんな人間なのかがわかるし、臨床心理学を実際に用いるということがどんな作業なのかということがよく伝わるのではないかと思う。

　人の心を治すというのは、実際にかかわる前には、無条件に善いことのように考えがちである。しかし実際にかかわってみると、人を治すというのは自分のエゴではないか？　何が治ったということなのか？　そんな根本的なことからわからなくなる。**本書は題名こそ「コツ」といっているが、単なる技術論ではなく、臨床とは何か、心の病に向き合うとはどういうことかという根本的な問いにまで示唆を与える本である。**　T

> ▶ 対話精神療法／治療的関係性
> ▶ 心の病に向き合うとはどういうことか

さらに知識を深めたい人に
□『新訂　方法としての面接―臨床家のために』　土居健郎著
　医学書院　1992 年　1,890 円

220

方法としての行動療法

山上 敏子 著

金剛出版　2007年　2,730円

行動療法は行動を扱うことで心をケアしている

　行動療法は、人間以外の動物をも対象とした行動理論の実験結果から、生体の行動を心という仮説概念を使用せずに刺激と反応との関係で記述し、反応を操作しようとした理論体系である。ネズミの行動を強化や罰によって変えられたからといって、同じ方法を応用して人間の行動を変えてよいのか？　心の存在を前提としていない非人間的な理論を人間に対して用いることに問題はないのか？　行動療法は症状の意味を追求することはなく、マニュアル的で単なる対症療法ではないのか？

　本書を読めば、それらに対する答えが否であることがわかる。行動療法家がいかに繊細な配慮で心の問題に接しているか。**著者は臨床の目的は精神療法の理論の中に求められるべきものではなく、「臨床の目的は、少しでも苦痛を軽くする、少しでもよく生きやすくする、ことであろう」と述べている。**荘厳なカッコイイ理論体系にこだわるよりも、実際に患者さんにとって役に立つ方法にこだわる、それが行動療法家のめざす姿であるのがわかる。🆃

> ▶ 行動療法／精神療法
> ▶ 行動理論、学習理論を人間の心の問題に対して実践的に用いる方法

行動分析学入門

杉山尚子、島宗理、佐藤方哉、
リチャード・W・マロット、マリア・E・マロット　著

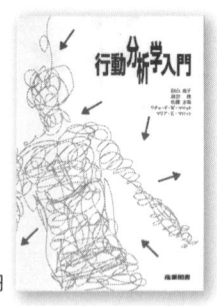

産業図書　1998年　3,780円

アメとムチでは他者の行動はコントロールできない

　心理学を学ぶ者であれば、スキナーの新行動主義心理学について学び、スキナーボックスと呼ばれる実験箱の中でハトやネズミが餌を得るためにさまざまな行動を身につけることを学ぶだろう。このような知見を実際の問題行動の解決に用いるのが応用行動分析である。スキナーの残した心理学の知見が実際にどのように用いられるのか、豊富な事例をもとにわかりやすく述べたのが本書である。一般の教科書とは異なる用語が用いられているが、初めに用語の違いさえ覚えれば、概念を理解するうえでは支障はないであろう。

　報酬と罰をコントロールすることによって他者の行動をコントロールしようとすることは、俗流心理学の常識的原理である。親や教師であれば子どもにやめさせたい行動に罰を与える。社員に頑張ってもらうために契約を取れればボーナスを出す。これらの報酬や罰はある程度機能するが、いつもうまくいくとは限らず、肝心な場面に限ってうまくいかないことがある。うまくいかなければさらに罰をきつくしたり、報酬を増やしたり、あれこれやってみてもやはり相手はうまく動かない。報酬と罰で相手をコントロールするというこれほど単純で確かなことと思えることが、なぜうまくいかないのだろうか？　さらには「報酬と罰をコントロールすることによって他者の行動をコントロールできる」という誤った信念は大切な人間関係を破壊している可能性がある。子どもが勉強しないでゲームば

かりするのをやめさせようといろいろな罰を与える親は、子どもの反抗に出会って親子の間に決定的な溝ができ、子どもはゲームをやめるどころか親の言うことを何も聞かなくなるかもしれない。

　この誤った信念をより効果的で問題を生じないものに置き換えるとき、その方向性は２つある。一つは「外的統制ではなく、自律的に行動できる条件を整える」ことで、『人を伸ばす力』 ➡411 で述べられている。そしてもう一つが、本書が示している「報酬や罰によるコントロール」についてより正しくとらえる方向性である。

　「報酬と罰をコントロールすることによって他者の行動をコントロールする」という方法がうまくいかないのは、弁別刺激の概念を無視してしまっているからである。スキナーは強化の原理において、弁別刺激—オペラント反応（行動）—強化子（反応結果）の３つの項の随伴性を分析した。弁別刺激はその目的行動を行うための手がかりとなる刺激である。**何が手がかりとなってある行動が起こるのか、その分析と理解なしに強化子だけをコントロールしても、望む行動はまったくコントロールできない。**そして何が弁別刺激になっているのかは、思ったほど単純なことではなく、綿密な分析と実験的検討を要するものである。また同時に、相手にとって何が実際に強化子になっているのかについて、ことは単純ではなく、こちらの意図したものが実際に強化子になっているとは限らないし、それぞれ個人で異なっている可能性もあるのである。何が強化子になっているのか、その都度具体的に分析しなければ確かなことはわからない。このように強化の原理は弁別刺激と行動と強化子の３つの関係の綿密な分析なしにはうまく働かないのである。本書は読み通すには根気のいる本であるが、この弁別刺激—行動—強化子のつながりを分析する具体的な方法を知るには最適な本である。🆃

> ▶ 他者の行動を変えるには、環境やこちらの働きかけの何を変えればよいのか

ころんで学ぶ心理療法
初心者のための逆転移入門

遠藤 裕乃 著

日本評論社　2003年　1,785円

つまずく石、ぶつかる壁。セラピストの第一歩

　1つ目の質問。皆さんが抱くセラピスト（心理臨床家）・カウンセラーのイメージは、どのようなものだろうか？　クライエント・来談者の話をよく聴いて受容し、共感的に理解してくれる。そんなイメージであろうか。もちろん、もともとそういうことが得意な人もいるだろうし、技術としてそういうことを行える人もいるだろう。もし後者のように技術として身につけることができるのであれば、どうやって身につければいいのだろう？　2つ目の質問。日常生活ではどうしても話が合わない人、なんとなく好きになれない人が存在することがあるけれども、セラピスト・カウンセラーはそういう人が目の前に現れたらどうやって対処していると考えるだろうか？　面接中にそのようなネガティブな感情を抱くことはないのだろうか？　あるとすると、どうやって対処しているのだろうか？

　本書は、心理療法・カウンセリングの初心者（主として、臨床心理士の資格をめざして大学院に在籍する院生や、臨床家としての仕事を始めたばかりの方）を対象にして、セラピスト・カウンセラー側に生じる感情体験、「逆転移」と呼ばれる現象を解説し、どのようにそれを克服し、またそれを（逆に）活用していくかを示した書である。著者がまえがきで記されているように、初心者のための「失敗事例集」ともなっている。

　本書は8つの章から構成されている。第1章は「出だしからころ

んだ、はじめての面接」。著者が初めて担当された"イニシャル・ケース"（初めて担当するクライエントのことをそう呼ぶならわしがある）とのやりとりの記録と、それに対して著者が感じたこと、それに対して24人のベテランがどうコメントしたかの分析がなされている。そこから著者は「逆転移」に対するプラス・マイナスのコメントが存在することを導き出し、第2章「つまずいた石の正体は」で逆転移が「毒」か「薬」かを考察している。第3章「逆転移の傾向と対策」ではベテランセラピスト32名にインタビュー調査を行い、そのようなネガティブな逆転移＝陰性感情を抱いたことで面接がうまくいかなかった事例＝失敗例と、そのような逆転移をうまくコントロールすることができた＝成功例との比較検討を行っている。第4章「面接に慣れたと思ったら」と第5章「境界例の心理療法と逆転移」は具体的な事例を取り上げて逆転移分析を行っている。第6章「逆転移を生かしてみよう」では逆転移を生かすための「自己開示技法」について、第7章「面接室を取り巻く環境と逆転移」では「面接室」と「セラピストとしての役割意識」の関係について、そして第8章「初心者のための覚え書き」では初心者に向けての「ヒント」が記されている（安易な「アドバイス」はしない、というのは、カウンセリングの基本であるとされている）。

著者は本書のタイトルに2つの思いを込めているという。それをここに記すことはあえてしないが、将来臨床家として働くことを考えている人たちは、自分自身に問いかけてほしい。タイトルに惹かれて本書を手に取ったとしたら、どちらの動機であったかを。Ⓜ

▶ 逆転移／自己開示技法／初心者へのヒント
▶「ころんで学ぶ」心理臨床の厳しさと醍醐味とは何か

さらに知識を深めたい人に
□『心理療法におけることばの使い方―つながりをつくるために』
　レストン・ヘイヴンズ著　下山晴彦訳　誠信書房　2001年　3,990円

223

精神分析学入門（I・II）
中公クラシックス

Vorlesungen zur Einführung in die Psychoanalyse
(Introductory Lectures on Psychoanalysis)
ジークムント・フロイト　著
懸田 克躬　訳

中央公論新社　2001年　1,523円・1,365円

心理学のアイコンを新たに読み返す

　『精神分析学入門』は、フロイト自身によって行われた講義を再現した記録であり、フロイトの思想を知るのに最も適切な入門書である。現在の心理学の本とは違う伝統の中で書かれた本であるが、講義形式なので非常に読みやすい。しかし35講にもわたるものであるので、はまる人ははまるが、はまることができなかった人は読み通すことが難しいかもしれない。

　古典ともいえるフロイトの思想をいま、読み返す意味はあるのだろうか？　フロイトの著作について語ることは難しい。フロイトの著作は100年前の時代に大きな議論を引き起こしながら、心理学や心理療法の世界だけではなく、ありとあらゆる領域に影響を及ぼした。それだけではなく、いま現在でもフロイトを批判する本が出版されて注目を集めるのである。彼の思想がいかに大きな影響を与えたのか、そしてまだ現在でも大きな影響を保ち続けているかをその点からもうかがい知ることができる。**その意味で、フロイトの思想を知ることは現代の教養の一つである。フロイトの思想について知るためにはそれを誰かが解説したものを読むよりも、本人が講義したものを読むことのほうがより正確に知ることができるであろう。**そうすればフロイトの考えたことが現在のわれわれの心理学の理解にいかに影響を与えているかを知ることができる。現在に生きるわれわれは、フロイトの思想を批判した本も同時に読むことができ、

さらに自分の考えを深めることができる。特に心理学を専門に勉強しているのではない人々が「心理学ではこのような主張がなされている」と言うとき、フロイトの述べたことが伝聞などの形で変形して述べられている場合が多い。そのような「心理学の常識」をもう一度点検し直すためにも、フロイトの原典を読むことは役に立つだろう。

臨床心理学の領域で、現在、フロイトの精神分析学をそのままの形で用いているカウンセラーはいないと思われる。**しかし逆に、受容的立場か批判的立場のどちらの立場であるにしろフロイトの精神分析学の影響をまったく受けていないといえるカウンセラーもいないであろう。**行動療法、来談者中心療法、ゲシュタルト療法、認知療法など、主要な心理療法の学派は、精神分析学との立場の違いを明確にする中で確立されてきた。どのような立場に立って心理療法を行うとしても、精神分析学の立場を学ぶことで自らの立場を明確にすることができる。また心理療法を受ける立場の人々の持っている心理療法の知識の多くは、マスコミなどによって伝えられた精神分析学のイメージによって形作られているものが多い。そのようなイメージの中には心理療法を妨げる方向に働くものもあり、それに対して適切に対応するためにも、精神分析学の正しい知識が必要なのである。

> ▶ 精神分析学／フロイト／精神療法
> ▶ 心理療法はここから始まった

さらに知識を深めたい人に

- □『「甘え」の構造』 土居健郎著 弘文堂 2007年 1,365円
- □『カウンセリングと心理療法―実践のための新しい概念（ロジャーズ主要著作集1）』 カール・R・ロジャーズ著 末武康弘・保坂亨・諸富祥彦共訳 岩崎学術出版社 2005年 7,350円
- □『ゲシュタルト療法―その理論と実際』 フレデリック・S・パールズ著 倉戸ヨシヤ監訳 日高正宏・井上文彦・倉戸由紀子訳 ナカニシヤ出版 1990年 2,625円

Tips 3

恋の相談とカウンセリングの間

　中学生や高校生の時、友達から恋の悩みを打ち明けられ、相談に乗ってあげた人は少なくないだろう。中には「恋の相談なら任せておけ！」というレベルの人もいるかもしれない。こういうことを仕事にしたいと思ってカウンセラーを志望し、心理学科に進学してくる学生も毎年何人かいる。

　しかし、カウンセリングの授業を受けてみたり、カウンセリングの実習を体験してみると、自分の思っていたような恋愛相談と実際のカウンセリング、プロのカウンセリングが大きく異なることに気づくことになる。たとえば、中学・高校生の恋愛相談では「こうしたらいいんじゃない？」とか「私はこうしたらうまくいったよ」といったアドバイスを相手に与えることが中心となるが、実際のカウンセリングではこのようなアドバイスはほとんど行われない。

　では、何が行われるかというと、基本は相手に自分の感情や考え、悩んでいることを語らせるということである。カウンセラーはむしろ、相手に寄り添い、その語りを引き出すことに専念する。不思議なことに、アドバイスなどしなくても多くの人は語りの中から自分なりに状況や感情を整理し、自分自身の力で解決策を見つけ出していくことが多いのである。そして、この解決策は安易なアドバイスよりもはるかに有用である。

　こういう話をすると「なんだ、カウンセラーって人の話を聞くだけなんだ。専門性もないし、ずいぶん楽な仕事だな」と思う人がいるかもしれないが、それは大きな間違いである。相手に本当の気持ちを語ってもらうためには、心の底から相手に共感することが必要であるし、また、混乱し感情に押しつぶされている相手から話を引き出すのは技術的にもとても難しいことである。そして、これが適切にできるようになるためには相当のトレーニングが必要である。プロのカウンセラーとアマチュア相談員との違いは極めて大きいのが現実なのである。◉

第❸章

脳と心のつながりを
解き明かす

301

ミラーニューロン

So quel che fai. Il cervello che agisce e i neuroni specchio
(Mirrors in the Brain: How Our Minds Share Actions, Emotions, and Experience)
ジャコモ・リゾラッティ、コラド・シニガリア 著
柴田 裕之 訳　　茂木 健一郎 監修

紀伊國屋書店　2009年　2,415円

最も有名な神経細胞＝ミラーニューロン

　「ミラーニューロン」という言葉を聞いたことはあるだろうか？ここ10年ほどの神経科学研究の中で最も脚光を浴び、それにとどまらず人文社会系分野においてまで広く影響を及ぼしている「神経細胞」である。本書はこのミラーニューロンを発見した研究グループの中心的人物であるリゾラッティと、哲学者シニガリアの共著であり、その発見までの経緯や意味そして拡張を当事者的に解説する、興味深い一冊である。ミラーニューロンとは、自分が行為を行うときにも、他者が行為を行うのを眺めているときにも活性化するニューロンのことをさす。これは、入力（感覚や認知）は入力用の後部脳（後頭葉・頭頂葉・側頭葉）が、出力（運動）は出力用の前部脳（前頭葉）が担当しているとしてきた従来の考え方を大きく覆す発見だったのである。リゾラッティらのグループはこのような特徴を有するニューロンを、サルを用いた神経生理学的な研究によって初めに発見、「ミラーニューロン」と名付け、その研究は1996年に学術誌に掲載された。それ以降、ミラーニューロン（ミラーシステム）の研究はヒトを対象とした電気生理学的・脳画像研究によってもその存在が確認されたのである。

　なぜミラーニューロンはそのように注目されるのであろうか？**それはこのニューロンが、他者の行為の「模倣」に直接的に関係があり、そしてそれゆえに、他者の実行した行為を「理解」すること、**

他者の「意図」を解読することにも関係があるだろうと推測できるからである（実際、そのような研究は数多く存在する）。そのような特徴を有するニューロンが、それではいったい私たちの生活の何に影響を及ぼすというのだろう？　いくつもの展開がある。たとえば、模倣をすることによって学習する。他者の心的状態を推測・理解する私たちの能力の研究を「心の理論」研究と心理学ではいうが、ミラーニューロンはまさに「心の理論」の神経基盤そのものかもしれない。情動のミラーニューロンシステムが存在するのであれば、それは他者への「共感」に関与するかもしれない。**このように、ミラーニューロンは単に入力にも出力にも関与する視覚運動システムなのではなく、社会的関係や対人関係の網を織りなす土台になっているといえるだろう。**身振りによるコミュニケーションにこのミラーニューロンは関係しそうであり、言語の起源が身振りによるコミュニケーションであるならば、ミラーニューロンが言語の起源であるかもしれない。このミラーニューロンが機能不全を起こしたらどうなるだろうか？　対人スキルや共感の欠如、模倣の障害、言語発達の遅れ／障害などの特徴を有する自閉症のメカニズムとして、ミラーニューロンシステムの機能不全説も提唱されている。このように広大な射程範囲のあるミラーニューロン研究について、「コーヒーの入ったカップを手に取る」という身近な例から始まり、サルを用いた神経生理学的研究の実際（詳しい読者は少ないであろうからぜひゆっくり味わって読まれたし）、その拡張を、丁寧な、科学者らしい控えめな語り口で解説してくれるところが素晴らしい。Ⓜ

▶「心の理論」の神経基盤であるミラーニューロン

さらに知識を深めたい人に
- 『ミラーニューロンの発見―「物まね細胞」が明かす驚きの脳科学』
マルコ・イアコボーニ著　塩原通緒訳
ハヤカワ新書 juice　2009 年　1,365 円

脳の中の身体地図
ボディ・マップのおかげでたいていのことがうまくいくわけ

The Body Has a Mind of Its Own: How Body Maps in Your Brain Help You Do (Almost) Everything Better

サンドラ・ブレイクスリー、マシュー・ブレイクスリー　著
小松 淳子　訳

インターシフト　2009 年　2,310 円

パーソナル・スペース／ペリパーソナル・スペースとその融合

　冒頭の一節を長くなるがそのまま引用しよう。「立ち上がり、指先までピンと張って、両腕を前に伸ばそう。上下、左右に振ってみる。頭の上から大きく回して脇に下ろす。片足ずつ、できるだけ遠くまで蹴り出して、つま先で地面に半円を描く。ヘディングするか、唇や舌で何かに触れる感じで首をいっぱいに伸ばし、頭を回して前後左右に倒してみる。身体を取り巻く、腕が届く範囲のこの目に見えない空間体積を、神経科学者たちはペリパーソナル・スペース（身体近接空間）と呼んでいるが、これはあなたの一部である。（中略）脳は特殊なマッピング手法によって、この空間を四肢や胴体に追加する。おぼろげに感じられるもう一枚の皮膚のように、空間をすっぽりと身にまとうのである」。本書は、私たちの身体（内）空間であるパーソナル・スペースと、その近接のペリパーソナル・スペース、さらには自己と他者のペリパーソナル・スペースの融合まで、**脳内で表現される身体地図（ボディ・マップ）研究の総合的解説書であるが、堅苦しい学術書ではなく、心と身体がどのように絡み合って感情のある身体化された自己を創出するのかという謎に対する、最新の科学的知見を一般向けに紹介する内容となっている。**

　2 章は「脳の中の小人」。心理学でも神経科学でも出てくる、ペンフィールドのホムンクルス。古典的な見地からも、入力用の（一次体性感覚野の）ホムンクルスと、出力用の（一次運動野の）ホム

ンクルスが存在する。グロテスクな三次元のホムンクルスをご覧になったことのない方は33ページに。3章は「ボディ・マップの決闘」。ボディ・スキーマとボディ・イメージというこれまた2つのボディ・マップについて。摂食障害（拒食症）や身体醜形障害との関連が紹介されている。4章は「脳も運動中」。運動イメージによるトレーニングやその発達について。5章「狂った可塑性」・6章「壊れたボディ・マップ」は、ボディ・マップがうまくいかないときのいくつもの症状の解説。スポーツ選手や音楽家の職業性ジストニアや、幻肢（ラマチャンドランの本で有名な）、他人の手症候群、「不思議の国のアリス症候群」。ここまではパーソナル・スペースの話。7章からはペリパーソナル・スペースの話題に移り、「身体を包むシャボン玉」では、半側空間無視からマルチモーダル（多感覚）ニューロン、ドッペルゲンガーから体外離脱まで、場所細胞、グリッド細胞、"抱きしめ細胞""しり込み細胞"などなど。8章は「サルからサイボーグへ」。道具を使うサルから、バーチャル・リアリティ、マルチ・ホムンクルスまでの「拡張」の話。9章はいわば、ペリパーソナル・スペースの融合とでもいうべき、「鏡よ、鏡」。ミラーニューロンの話。10章はもう一度内側に戻り、「インナー」パーソナルな内臓感覚。島皮質と呼ばれる場所に、"内臓ホムンクルス"があることを、痛みに関するいくつかの研究と関連づけて紹介されている。**さあここで問題：ボディ・マップは何種類出てきたでしょうか？　それほどに、さまざまなボディ・マップが脳の中に存在し、たいていのことに関連しているのだ。M**

▶ **身体化された脳が描くボディ・マップの謎**

さらに知識を深めたい人に
□『脳のなかの身体―認知運動療法の挑戦』　宮本省三著
　講談社現代新書　2008年　777円

303
社会化した脳

村井 俊哉　著

エクスナレッジ　2007年　1,575円

社会神経科学とは何かをわかりやすく語る

　私たちのこころ（脳）が社会の中でうまくやってゆけたり、うまくやってゆけなかったりするのはなぜなのだろうか——。

　そんな言葉で始まる本書は、ここ10年ほどとりわけ盛んに研究されている、社会神経科学（social neuroscience）の知見を解説してくれる一般書である。**社会神経科学は、進化の過程で私たちが獲得してきた社会的能力・社会性が、脳のどのような働きによって実現されているのかを明らかにしようとする**。社会的能力とは、第一に、周りの人がいまどう感じているのかとか、いま何をしたいと思っているかという情報をうまくキャッチすること、第二に、集めた情報をもとに社会の中で実際に適切に振る舞う能力のこと。なぜそのような能力が必要かというと、社会的な集団の中で協調と競争のバランスをとり、うまくやっていく必要があるからである。このような社会的能力を獲得するために人間を含む霊長類の脳はどんどん大きくなってきたという仮説を社会脳仮説という。そして、記憶や言語を司る脳部位・ネットワークがあるように、この社会的能力を司る脳部位・ネットワークがあるのではないか、それがどのようになっているのかを突き止めようとするのが社会神経科学である。ここまでが第1部「社会的能力と社会脳仮説」の概要。

　第2部は「社会的情報をキャッチする」（第一の社会的能力）。危険を察知する扁桃体（「扁桃体は脳の警報器」）は、それゆえ他者の

示す表情のうち、特に「恐怖」表情の認知にかかわっていること（扁桃体損傷の患者では恐怖表情の認知が低下する）、その人の顔の「信用度・信頼度」の判断にもかかわっていることなどが紹介されている。また、人の視線を検出するには上側頭溝周辺皮質の働きであることが紹介されている（カンニング犯と試験監督との間で繰り広げられているであろう熾烈な戦い）。第3部は「社会の中で行動する」（第二の社会的能力）。腹内側前頭前皮質と呼ばれるところに焦点が当てられ、この部位に損傷を受けた患者が示す「自己破滅型の行動パターン」（先々のことまで考えたうえでの行動ができなくなる）とそれを検出する検査（アイオワ・ギャンブル課題）について、またもう一つ、「他人に対して直接危害・損失を与える行動パターン」、すなわち反社会的行動にも関連することが解説されている。腹内側前頭前皮質は青年期を通じて成熟を続ける場所であることや、社会的道徳・社会規範とこの部位の関連が言及されている。

第4部は「終わりのない競争」。他人のこころを読み取る、他人が何を考えているかを想像する能力についての諸研究の紹介。対戦ゲームにおける前部帯状皮質の働きは、自分と他者の利害がぶつかり、そこに大きな危険が予期される場面で大きな役割を果たす。さらに「慈善活動への寄付」についてのfMRI研究では、出費を伴わない慈善・社会活動への賛同は腹側被蓋野・線条体、出費を伴う／自己犠牲を伴う利他的行動には腹内側前頭前皮質が活動することが紹介されている。社会的な能力は、このようにさまざまな脳の領域のネットワーク的な（いってみれば「社会的な」）働きによって実現されているのである。M

▶ 社会的能力と脳の働きの関係を探る社会神経科学

さらに知識を深めたい人に
□『ソーシャルブレインズ―自己と他者を認知する脳』
　開一夫・長谷川寿一編　東京大学出版会　2009年　3,360円

304

人間らしさとはなにか?
人間のユニークさを明かす
科学の最前線

にわたることもあり。各章に「結論」というパラグラフがあるので、章名とセットにしてみると以下のようになる。1章「人間の脳はユニークか？」→「ユニークです」。2章「デートの相手にチンパンジー？」→「やはりホモ・サピエンスにしよう」。3章「脳と社会と嘘」→「人間の社会的性質がたんに自らに関する認知理論にではなく、私たちの生物学的基盤に深く根差していることをしっかり認識」。4章「内なる道徳の羅針盤」→「私たちには物知り顔の解釈装置が備わっており、無意識の道徳的な直観や行動を解釈する。そしてときおり分析的脳が割り込んでくる」。5章「他人の情動を感じる」→「言葉や想像から情動をシミュレーションしたり、視点を使ってシミュレーションを変化させたり、未来や過去に自分自身を投影したりする能力は、私たちの社会的世界を豊かにし、自分のシミュレーションをほかの種のものよりも力強く複雑にする」。6章「芸術の本能」→「虚構に耽ることができるようになった。真実と虚構を分離できるようになった」。7章「誰もが二元論者のように振る舞う」→「観察不可能な力に関して推論する唯一の動物らしい。知覚できない事物に関する概念を形成し、因果関係を説明しようと試みる」。8章「意識はどのように生まれるか？」→「意識ある無数の瞬間は、私たちの脳のネットワークの一つが稼働していることを反映している。パイプオルガンのような装置が一日中、自らの調べを奏でている」。9章「肉体など必要か？」→「肉体をシリコンと交換することになるのかはまだわからない」。**そして最後に「あとがき―決定的な違い」→「頭の配線が異なっている」。**M

▶「人間はなぜ特別なのか」を脳の働きから解き明かす

さらに知識を深めたい人に
□『人間の本性を考える―心は「空白の石板」か（上・中・下）』
スティーブン・ピンカー著　山下篤子訳
NHK出版　2004年　1,176・1,176・1,260円

シナプスが人格をつくる
脳細胞から自己の総体へ

Synaptic Self: How Our Brains Become Who We Are
ジョセフ・ルドゥー 著
森 憲作 監修　　谷垣 暁美 訳

みすず書房　2004年　3,990円

あなたはあなたのシナプスだ

　実は本書、一度読みかけて途中で挫折したのだったが、このブックガイドを書くに当たって再チャレンジしたところ、最も多くドッグイヤー（ページの角を折る）を施した本だった。著者のルドゥーは『エモーショナル・ブレイン』で有名であるが、むしろこちらを読むことをお勧めしたい。何より第8章は『エモーショナル・ブレイン』再訪として、その後の研究の進展も解説されているのだ。本当はそれらをすべて列挙するだけでもいいと思うのだが、それだけで規定の分量を超えてしまうので、以下簡単に。

　本書は、「あなたの『自己』、つまりあなたをあなたたらしめているものは、あなたの脳の中のニューロン相互の接続のパターンを反映している」という、著者のかなりシンプルな考えの表明から始まり、「あなたはあなたのシナプスだ。シナプスこそあなたの正体だ」という断言的な結論に至るまでの壮大な説明の本である。シナプスとは、ニューロン間の接続のこと。「『氏（生まれ）』と『育ち』がいずれも人格形成に寄与するということではなく、氏と育ちがじつは同じ言語を使っているということだ。両者とも脳のシナプス機構を形成することにより、心と行動に影響を与える。個人の脳のシナプス接続の特有のパターンと、シナプス接続に書きこまれた情報こそが、その人がどういう人であるかを解く鍵なのだ」（4ページ）。だとすると、そのようなシナプス接続、神経回路はどのように構築

されているのかを知りたくなる。たとえば、「神経選択説」（神経ダーウィニズム）という説があり、エーデルマンという研究者は次のような説を提唱していることが紹介されている。「『神経回路のパターンは（中略）外界からの影響により指令を受けて、定められることはないし、手を加えられることもない』。外界からの影響はシナプスを『選択』する。外界からの影響が、あるシナプスが関係している特定の神経活動パターンを誘発し、促進することによって、そのシナプスは生き残る」（109ページ）。

第6章までは、このように、発達の間に神経回路がいかにして構築されるか、私たちが学習し記憶するときにそれらの回路にどのような変化が生じるかが詳述され、その後心の三部作、知（第7章）・情（第8章）・意（第9章）についての著者の見解が述べられ、第10章はシナプスの病気＝精神疾患を、そして最終章の第11章では、「あなたは何者なのか」のまとめが記されている。「あなたは何者なのか。そのエッセンスはあなたの脳のさまざまなシステムの中の、そしてさまざまなシステムの間のシナプスでの相互作用の形で貯えられている」（259ページ）。

個人的に興味深く感じられたのは、以下の2点。**ルドゥーは認知心理学・認知神経科学では自己の解明には不十分であると考えていること**（35-36ページ）。それから、ヴァージニア・ウルフがお好きなのだろうかという点（本書の中で、引用を3箇所もしている）。著者のシナプスと私のシナプスには類似するところがあるようだ。

M

▶ **シナプスの相互作用が人格の構造を決定づける**

さらに知識を深めたい人に
□『エモーショナル・ブレイン――情動の脳科学』
　ジョセフ・ルドゥー著　松本元・川村光毅ほか訳
　東京大学出版会　2003年　3,570円

イラストレクチャー 認知神経科学
心理学と脳科学が解くこころの仕組み

村上郁也 編

オーム社　2010年　3,570円

日本語で書かれた初めての「認知神経科学」の教科書

　「認知神経科学（cognitive neuroscience）」とは、生活体の認知活動を脳の神経細胞集団の生物学的過程に基づいて理解する、平たくいえば人間のこころのありようを脳・神経の言葉遣いで語る、という学問分野です…「はじめに」に記された編者の言葉である。認知神経科学はつまり、脳科学と心理学の分野を融合して、こころと脳を理解することをめざしている。だから、認知神経科学とは、心理学でもあるし、認知科学でもあるし、神経科学でもあるし、生物学でもあることになる。**大学で心理学の入門講義を受けた方はおわかりいただけると思うが、心理学の半分は生物学的な、理系の分野と考えたほうがいい。そして認知神経科学は最も色濃くそのことを意識させる研究分野であろう。**海外では、1990年頃よりこの分野の研究が盛んになり、ガザニガらによる"Cognitive Neuroscience"の教科書が1998年に出版され（この書籍は現在3版）これ以外にも続々と認知神経科学のテキストが出版されているが、日本語で読むことのできる包括的なテキストはこれまで存在しなかった。

　本書は14の章から構成される。第1章から第3章までは総論および基礎編であり、「こころの科学研究史」「神経細胞および神経回路網の構造と機能」「認知神経科学研究法」と題して、心理学との接点、脳を構成する神経細胞・回路網の基礎知識、第4章以降の各論で多く登場する各種研究法の解説がなされている。第4章から第

11章までは認知神経科学の「コア」となる部分の各論であり、視覚・聴覚といった感覚から、言語・注意・記憶といった認知心理学でも扱われるテーマに関しての認知神経科学的成果の紹介、さらに、10章では「執行機能」（一般には、実行機能または遂行機能と呼ばれる）や、11章「意識」など、心理学ではあまり扱われないようなテーマに至るまで幅広く取り上げている。また、第12章では「情動」（感情神経科学 affective neuroscience）、第13章では「発達・社会性」（developmental neuroscience / social neurosciecne）などといった、認知神経科学の進展による最先端の研究領域についても取り上げられている。最後の第14章「計算神経科学」（computational neuroscience）では、「脳の機能を、脳と同じ方法で実現できる計算機プログラム、あるいは人工的器械を創れる程度に、深く本質的に理解することを目指すアプローチ」つまり工学的な応用が紹介されている。

本書は大学の授業で使用できることをめざしており、半期15回でひととおり学習できるように、各項目は見開き2ページで収まるように記述され、読者が知識を獲得しやすくなるように、それぞれの項目を飽きることなく読み切れるように工夫されている。 図も多用されており、この図をながめながら本文を読むのも楽しい。おまけに（ご丁寧にも！）各章の章末には練習問題が数問出題されていることから、しっかり学習したい方はぜひともチャレンジされるとよい。私もいくつかチャレンジしているのだが…。M

▶ 執行機能／意識／情動／発達・社会性／計算神経科学
▶ 認知神経科学の基礎知識から最先端の研究まで

さらに知識を深めたい人に
□『ピネル バイオサイコロジー─脳─心と行動の神経科学』
　ジョン・ピネル著　佐藤敬・若林孝一・泉井亮・飛鳥井望訳
　西村書店　2005年　5,040円

307

生理心理学
人間の行動を生理指標で測る
心理学の世界 基礎編 12

堀 忠雄 著

培風館　2008年　2,310円

生理心理測定の「教則本」

　人間を対象にして、心理学的な行動変化とそれに伴う生理学的な変化の対応関係を研究するために必要な知識と技術を解説した書籍である。著者によれば、本書の内容は「精神生理学」または「心理生理学」と呼ばれる科学に対応している。それを専門に学ぶ学生・大学院生にはもちろんであるが、心理学のあらゆる領域に関心のある人々が、生理心理測定の実際を知るのにも有用なイントロダクションとなりうる一冊。

　たとえば、大勢の人の前でスピーチをしなければならない場面を想像しよう。そのような場に慣れていない人にとっては強い緊張を引き起こす場面であろう。「そこにいる人たちの視線が私に注がれている」「彼らは私のことをどのように思っているのだろう」、それより何より自分は相当「緊張している」と感じている。「自分はうまくしゃべることができるだろうか」…**これらは私たちが感じる心理状態であるが、これにはたいていの場合、いくつかの身体的な変化を伴う。**顔はひきつる、うまく口が動かせないし声もうわずった感じ、目は落ち着きなくキョロキョロとする、手や足ががくがくと震えてしまう。それに、顔が赤くなる、額や手に汗をかいている。心臓はバクバクとし、息苦しい感じがして呼吸も荒くなる…。このように、私たちの心理状態を身体は鋭敏に反映する。私たちの心理状態は中枢神経系の脳の活動によって作られるといえるが、このよ

うな身体的な変化は、外の情報の入力や自分の行動出力を司る体性神経系（感覚神経・運動神経）、生体の恒常性を維持するための自律神経系（交感神経系と副交感神経系）の活動による。**生理心理学（精神生理学）は、中枢神経系と末梢神経系が、私たちの心理現象とどのような関係になっているのかを追求する研究分野である。**いま挙げているこの例だけでも、情動・ストレス、パーソナリティ、社会行動、臨床心理などの他の心理学領域に関連づけられるが、感覚・知覚、認知、記憶・学習といった側面ととりわけ中枢神経系の活動の関連も認知神経科学として研究されている。

　本書は9章からなっている。1章・2章は総論で、生理心理学の歴史や、中枢神経系・末梢神経系の基礎を学ぶ。3章から6章までは中枢神経系の測定方法。脳機能の画像解析（MEG、fMRI、PET、SPECT、NIRS）や、EEG・ERP測定の技法や解析法など（もし略号の意味がわからないならば本書を読むとよい）。7章・8章は末梢神経系の測定方法。動作と表情の測定、情動の測定の技法について学ぶことができる。著者のご専門である睡眠研究は9章「眠りと夢のポリグラム測定」で扱われている。EEG・ERP、末梢神経系の測定原理や技法については、日本語で読めるコンパクトなテキストはほとんどないので、特にこのあたりの測定技法に関心があり、自らの研究に活かしてみよう（そのような論文を読もう）としている大学院生や他の心理学領域の研究者にも役立つ、「実用書」でもある。Ⓜ

▶ 生理心理学による人間の行動・情動の測定技法

さらに知識を深めたい人に
□『新 生理心理学（1〜3巻）』
　宮田洋監修　藤澤清・柿木昇治・山崎勝男編集
　北大路書房　1998・1997・1998年　各3,675円

308
高次脳機能障害学

石合 純夫　著

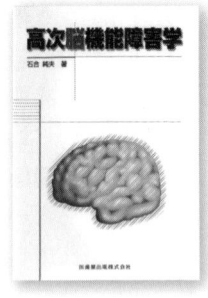

医歯薬出版　2003年　4,200円

心理学と医学・医療と神経科学の接点

　神経心理学の標準的テキスト。**神経心理学は一般に、脳損傷患者の呈する、主として認知・行動面のさまざまな神経心理症状と脳の損傷部位を対応させることによって、脳と心の関係を明らかにしようとする学問分野である。**なんらかの原因によって脳にダメージを受けた場合、心のはたらき全体が失われるのではなく、一部の心理機能が低下したり損なわれたりすることとなる。本書はそのような神経心理症状を詳述しており、症状のメカニズムや神経心理検査についてもひととおりの知識を得ることができる。神経心理学は脳損傷患者を対象とするので、必然的に医学・医療と心理学の接点の一つではあるが、神経心理症状は脳と心の関係を知るうえでの大事な手がかりの一つでもあるので、脳神経科学と心理学の接点、認知神経科学の主要な柱の一つでもある。なお、書名にある「高次脳機能障害」は日本で使われている学術的・医学的または行政的な用語であって、諸外国では高次脳機能障害に該当する用語が存在しないことは知っておいてもいいだろう（よく私のブログで検索される；それをさす英語は神経心理症状 neuropsychological symptoms など）。

　内容はどうしても盛りだくさんになる。第1章は「高次脳機能障害の診療─基礎知識─」で、総論と画像診断のポイント。第2章は「失語・失読・失書」。第3章は「失行、行為・行動の障害」、第4章は「失認と関連症状」、第5章は「半側空間無視・病態失認・視

空間性障害」、第6章は「記憶障害・認知症（痴呆）」、第7章は「遂行機能障害・せん妄—高次脳機能の統合・利用障害—」。症候名とその説明で一冊の本ができあがるほどで（『高次脳機能障害の症候辞典』）、列記するだけでこのスペースを占拠してしまうので、ここでは詳細を挙げない。各章で説明されている多彩な神経心理症状は「不思議なことだらけ」で、知的に関心を持たれるところも多かろうと思うが、その一方で多彩すぎてよくわからない・難しいという印象を持たれるところも多いかもしれない。**そしてもう一つよく抱かれる感想は、高次脳機能障害者の方々はどんな生活を送り、自らの症状をどのようにとらえているのであろうか、というものである（心理の学生は心理が気になる）。**私は大学で「神経心理学」の講義を担当しているが、受講している学生諸君の反応はだいたいこの3つに分かれる。そのような方々に接する職業を考えている学生や、現に高次脳機能障害者と接する職に就かれている方、あるいはご家族にも、高次脳機能障害研究の現状を知るための参考書になるだろう。

　医学・医療と心理学の接点というと、どうしても「精神医学（精神科・心療内科）と臨床心理学」を真っ先にイメージしがちであるが、「神経学（神経内科学）・脳神経外科学（脳外科）・リハビリテーション医学（リハビリテーション科）と神経心理学」も大事な接点の一つであり、医療機関に勤務する「心理士」に求められる知識と役割の一つである。また、基礎系の神経科学の研究者から見た際の、心理学（とりわけ臨床的側面）への接近しやすい接点ではあるだろう。Ⓜ

> ▶ 高次脳機能障害による多彩な神経心理症状を概観する

さらに知識を深めたい人に
□『高次脳機能障害の症候辞典』　河村満・高橋伸佳著
　医歯薬出版　2009年　2,625円

309

脳のふしぎ
神経心理学の臨床から

山鳥重 著

そうろん社　2003年　2,940円

神経心理学臨床の「実際」と「実践」

　著者の山鳥重先生は日本を代表する神経心理学者のお一人である。『神経心理学入門』（通称「黒本」）は、当時日本語で読める神経心理学の教科書がほとんどなかった時代からずっとバイブル的存在であり、現在でも多くの研究者が参照しているに違いない（大変に専門的で、難解なところがあるのだけれど。それがまたバイブルらしさをまとっている）。その本の執筆と前後して書かれたという『脳からみた心』（NHKブックス；残念ながら絶版）は、（こちらのほうが！）私がこの研究領域へ足を踏み入れることになるきっかけの一つを作ってくれた、思い入れのある一冊である。**本書はその『脳からみた心』と同じように専門家ではない人々に向けて書かれた、あちらこちらの雑誌に書かれた文章をまとめた本である。**内容もそうなのだが、それぞれの項が分量的にも比較的短めにまとめられているので読みやすく、入門書というよりも読み物的な位置づけになろうかと思われる。なお山鳥先生はほかにも『知・情・意の神経心理学』や、新書の『ヒトはなぜことばを使えるか』『言葉と脳と心』などの一般向け著書がある。

　前置きが長くなったが、本書の一番の特徴は、患者さんの示すさまざまな神経心理症状の具体例をいきいきと伝えているところにある。「はじめに」で著者はこのように述べている。

　「さらに厄介なことに、心理構造は個体の履歴が積み上がったも

のであり、おおまかな規則性は推定できても、細部までその規則性が貫徹されることはない。個体によって生活情報の蓄積のされ方は微妙に異なり、脳損傷が引き起こす脳機能のゆがみも、当然異なっている。このように、脳損傷にも神経心理症状にもいっぱいの個体差を抱えた中で、神経心理症状発生の共通原理を探り、そうした困難な障害を抱え込んでしまった人たちの心をなんとか理解し、治療の方向づけをしたい、というのが筆者の実践してきた神経心理学である」。

不幸にして受けてしまった、患者さんの脳損傷の部位も、各種神経心理症状の有無や程度もさまざま、そして、患者さんのそれまでの生活も、もちろん人それぞれ。そんな中で、学問として、そして臨床として、著者が何をどのように考え実践してきたのか。それも一緒に書かれているところが、本書の第二の特徴といえるかもしれない。つまり、神経心理学の方法論の書でもあるところが。

「読み書きのしくみ」「話し言葉のしくみ」「視覚のしくみ」「記憶のしくみ」「行為のしくみ」「心を立ち上げる脳」「心の科学とモノの科学」の7部からなっている。神経心理学という学問的背景に立つと、心とは、ここに挙げられているような複数の「しくみ」、いくつかのモジュールから構成される複合体である、ということになろうか。**著者はどう考えているか？　心の重要な特徴は「完結性」と「過程性」であるという。**うーん、"山鳥節"炸裂！Ⓜ

> ▶神経心理学を臨床の現場からわかりやすく語る

さらに知識を深めたい人に

- □『神経心理学入門』　山鳥重著　医学書院　1985年　6,720円
- □『知・情・意の神経心理学』　山鳥重著　青灯社　2008年　1,890円
- □『ヒトはなぜことばを使えるか―脳と心のふしぎ』　山鳥重著
  講談社現代新書　1998年　735円
- □『言葉と脳と心―失語症とは何か』　山鳥重著
  講談社現代新書　2011年　777円

310

脳の学習力
子育てと教育へのアドバイス

The Learning Brain: Lessons for Education
サラ＝ジェイン・ブレイクモア、ウタ・フリス　著
乾　敏郎・山下　博志・吉田　千里　訳

岩波書店　2006年　2,940円

教育者向けに書かれた脳科学の本：脳をガーデニング

　著者らは教育者と脳科学者との交流・議論に参加し、脳科学と教育を結びつける文献がほとんどないこと、脳研究と教育の政策・実践とのつながりがほとんどないこと、専門家でない人たちに脳研究と教育との関係をよくわかってもらえるような材料が非常に少ないことを痛感し、それがきっかけとなって「不幸にも脳科学と教育科学を分け隔ててきたこのギャップを埋める」（4ページ）ために本書を執筆したという。なお著者の2人は、ロンドン大学認知神経科学研究所の「脳科学者」である。この3章と、次の4章「学ぶこと・成長することを分析する」をつなぐような書籍とお考えいただきたい。

　教育と脳の関係について、著者らは次のようなたとえを挙げている。「教育を脳の一種の『ガーデニング』とすれば、教師はある意味で庭師である。**もちろん、庭師といえども、まずはふさわしい土と根がなければバラを育てられない。けれども、よい庭師というものはすでにあるものを生かして、誰も想像しなかったようなすてきな庭をつくることができる**」（15ページ）。このたとえを続けるならば、庭師である教師が、庭のことをもっと知り、すでにあるものが何であるのか、に関する有用な情報を脳科学側から提供するのが本書、ということになるのだろう。

　第2章は「脳の発達・発育」。脳そのものも出生前後で発達する。

特に、神経細胞の結合の数が急激に増えた後に"刈り込まれる"（結合の減少）ことが発達にとって重要な過程であるということに驚かれる方もいるかもしれない。第3章から第6章までは「読み書き計算」にかかわる発達と脳のメカニズム、またその障害（学習障害）についての解説が続く。第7章は「社会的発達・情動的発達の障害」で、自閉症やADHDなどについてふれられている。続いて第8章では「思春期の脳」（思春期・青年期にももちろん脳の発達的な変化はある）、第9章では「生涯にわたる学習」として、ロンドンのタクシー運転手や音楽家の例を挙げながら「可塑性」について解説している。「成人においてもニューロン間の結合は固定されたものではなく、必要に応じた変化は可能であり、実際変化するものである」（201ページ）。それはなんとも救いなのだが、「40歳ぐらいから脳細胞は急激に失われていく」（206ページ）とも書かれているのは残念！　第10章からは第12章までは、記憶と学習に関する心理学的・認知神経科学的な知見が数多く紹介されている。

　本書の最後には、「新しい学習の科学に向けて」とする項が設けられている。**学習は一生涯機能するということの、著者らによるまとめ（3つのテーマ）。①脳内の結合度は絶えず変化している。②経験によって微調整されていくという脳の性質が、脳の可塑性に影響を与えている。③脳は人生のさまざまな時点で劇的に再組織化される。**このような「脳の力」を、では効率よく利用するにはどうしたらよいのだろう？　解答はまだ得られていないとされているのだが、いずれ提供されるだろうと著者らとともに信じよう。M

▶脳科学と教育を結びつけ、脳を耕し育てる術を探る

さらに知識を深めたい人に

□『脳と心と教育』　ジェイムズ・P・バーンズ著
　高平小百合・奥田次郎監訳　玉川大学出版部　2006年　3,990円

Tips 4

心理学は文系か理系か

　おそらく、心理学的には以下のような回答がもっともらしい：「心理学が文系か理系かを決定するに当たって、心理学をひととおり学び専門科目の学習に進んでいる学部生や、研究を行っている大学院生・大学教員などを対象とする質問紙調査のデータになんらかの統計分析を行い、その結果を踏まえないとなんともいえない。そもそも、人々が『文系』や『理系』をどのようにとらえているのか十分には明らかではなく、文系か理系かと、判然と二分されるかどうかも定かではない。あらかじめ自由記述式の予備調査などを行い、その後に本調査を行うのが望ましい。なお、心理学を学んだことのない人々を対象にした調査も行い、その結果と比較検討することも必要かもしれない」。まわりくどくて恐縮だが。

　日本では、文学部や教育学部の中に心理学科や心理学コースが設定されていることが多い。それゆえ受験科目的には国語や地歴などが求められたりするので文系的？　そんなふうに入学すると、まずは1年生で2つのショックを受けることになる。1つ目は、概論の講義（たいていは早い段階）で脳や神経のことを学んだり、感覚器官や運動器官のことを学んだり＝生物学。2つ目は、必修で（多くの人が多分苦しむことになる）「心理統計」＝数学。数学が必要であるなら受験科目的に理系的？　また、心理学の「方法」として、科学的・実証的な手続き、結果の出し方が求められる（上の「回答」のように）し、「実験」をすることもある。サイエンス＝理系的？　なんとなく理系に軍配が上がりそうだが、この問いを、「単に日本における問題なのかもしれず、社会や文化によって左右されるのではなかろうか」などという問いに変形すると、やはりまたなんだか文系的？

　この問いはオープンキャンパスなどで高校生によく聞かれる。私はいつも、「両方。なんでもあり」と答えている。テキトーに答えているわけではない。Ⓜ

第❹章

学ぶこと・成長することを
分析する

やさしい教育心理学
[改訂版]
有斐閣アルマ

鎌原 雅彦・竹綱 誠一郎　著

有斐閣　2005年　1,995円

「本当にやさしい」教育心理学の本

　教員免許状を取得するためには、法に指定された授業科目を履修しなくてはいけない。その一つに教育の基礎理論に関する科目があり、幼児・児童・生徒の心身の発達や学習の過程を学ぶ。開講科目名は一様ではなく、教育心理学、心身の発達と学習過程、学校教育心理学などとなることが多い。本書は、こうした授業科目の教科書として編集された。取り上げたテーマは記憶、学習、動機づけ、学級、教授法、教育評価、発達、知能、人格、カウンセリングなどであり、幅広く教育心理学の分野をカバーしている。**本書を読んで最初に確認できたことは、書名に偽りはなく、「読みやすく、わかりやすく」という基本的な執筆姿勢が一貫して読者に伝わる、本当にやさしく、わかりやすい教科書ということであった。**

　かつての教育心理学は、心理学の研究成果を教育の場に応用するだけの応用心理学の一つであった。しかし、今日では、学習過程や教育の場で発生する生徒指導上の問題を解決すべきとする独自の実践的な問題意識を強く持っている。本書にも、そうした問題意識から生まれた研究成果がたくさん紹介されている。たとえば、学級の雰囲気や自己効力感が学習行動に影響することは十分に予想されるが、習熟目標や凝集性の高い学級ほど児童の自己効力感が高く、自宅で学習しているという実体が語られている。そして、縦断的調査により、学級の習熟目標が高くなるにつれ、児童の学習行動が増加

することを確認したとする研究結果が紹介されている。

以前、教員免許状を取得した人の中に学習指導要領と指導要録と通知表（通信簿）の違い、観点別学習状況などを知らない人がいて驚いた。おそらく教育心理学の教科書にそうした事項の説明がなかったためであろう。その点、本書はこうした実務的事項についても歴史的変遷を交えて説明しているので、大いに好感を持てた。

教育心理学は心理学の知見を単に応用する学問ではないが、心理学の一分野であることに間違いはなく、心理学の研究成果が教育心理学の基盤となっているというのも事実である。そのため、記憶や学習は認知心理学と、学級は社会心理学と、カウンセリングは臨床心理学と密接につながっている。本書は教育心理学の教科書として編集されたが、幅広く心理学のトピックを取り上げているので、心理学の入門書として読むこともできる。そして、各章に紹介されている参考図書で心理学の重要トピックを次に学ぶとよいだろう。

著者は「比較的新しい研究や情報を十分に扱うことができませんでした」と吐露されている。確かにそのとおりかもしれないが、コラムによって、また改訂版でもそれを補っているし、最新の研究が紹介されていないからといって、教員採用試験の準備に使えない教科書と速断してはいけない。本ブックガイドの共著者である荷方氏が調査した「教育心理学の重要用語101」(http://homepage3.nifty.com/k-nikata/research/words101.html) を参照しながら本書を改めて読んでみたが、101個のうち、約80％を本書はカバーしていた。**教員採用試験の準備には本書で十分である、とは言わないが、出題されそうな重要用語の多くを本書が説明している、とは言える。**H

> ▶ 教育心理学の入門書であり、心理学の入門書でもあるやさしい本

さらに知識を深めたい人に
□『「使える」教育心理学』 服部環監修　安齊順子・荷方邦夫編著
北樹出版　2009年　2,415円

402

授業を支える心理学
心理学エレメンタルズ

Psychology and Education
スーザン・ベンサム 著
秋田 喜代美・中島 由恵 訳

新曜社　2006年　2,520円

「本当に新しい」教育心理学の本

　日本で小学校や中学校の教員免許を取るためには、教育心理学の単位を取得することが必須である。大学や短大、専門学校なども含め、心理学の概論以上に教育心理学を履修する学生は多いのかもしれない。私たちにとって教育心理学はそのくらいなじみ深い。

　しかし非常に残念なことに、日本で刊行されている教育心理学の教科書はどれも古い。発達領域で必須とされているピアジェやヴィゴツキーといった研究は第二次世界大戦前、学習領域で必須のスキナーやブルーナーでも、ほとんどは1960年代以前の研究の知見である。どの教科書も少しずつ新しい内容が織り込まれているものの、内容のかなりの部分が50年以上変わっていない。**教員採用試験の問題が50年以上ほとんど変わっていないという事情もあって、あまり先進的な内容だけで作れないというのが正直なところである。**

　では教育心理学は進歩していないのかといえば、そういうわけでもなく、現在でも世界中で毎年多くの研究が発表され、研究者は新しい教育への応用を提案し続けている。多くの先生、そして先生の卵にこれらの先端を伝えるのにうってつけの本が、ベンサムの手によって書かれた本書である。

　本書は「授業を支える」とあるが、発達や学習、動機づけ、学級での人間関係や学習の障害など、教育心理学が取り扱うほとんどの分野を網羅している。先に述べたピアジェやスキナーなど、古典的

な知識もきちんと押さえられているが、これらは本書の前半の章や、各章の前半にすっきりとまとめられている。中盤から後半は、ベンサムが関係するイギリスの教育で実際に行われている、さまざまな新しい教育実践を中心に書かれている。学習の障害や発達の障害を伴う生徒に対する効果的な教育の方法論や教育プログラム、また学校の中で、文化やジェンダーの違いを考慮した教育のあり方など、日本ではまだまだ一般的ではなかったり、大きく立ち遅れている領域についてもかなり多くが割かれている。また実践の背景となる理論も十分に説明されており、優れてバランスのとれた教育心理学の入門書といえるだろう。

　ベンサムが実際に教育に取り組んでいるイギリスを含め、欧米の教育事情と日本の教育事情では異なる部分も少なくない。**しかし、一般的には、日本に比べ欧米の教育は、より個人のニーズに応じたプログラムが充実している。新しい教育心理学の理論をベースとして、学校生活や学習に困難を示す児童や生徒への対応が積極的に行われている**。また格差の問題やマイノリティの問題など、欧米がより抱えている課題についても豊富な記述がなされている。その意味で、日本のこれからの教育事情を先取りする可能性も十分に秘めた本として薦めたい。N

> ▶ 個に応じた教育／新しい教育実践方法／困難のある子への対応
> ▶ 最新の心理学研究をベースにした学校教育への挑戦

📖 さらに知識を深めたい人に ─────────
☐ 『インストラクショナルデザインの原理』
　ロバート・M・ガニェ、ウォルター・W・ウェイジャー、
　キャサリン・C・ゴラス、ジョン・M・ケラー著　鈴木克明・岩崎信監訳
　北大路書房　2007年　3,990円
☐ 『学習科学とテクノロジ』　三宅なほみ・白水始著
　放送大学教育振興会　2003年　2,310円

ワードマップ 認知的個性
違いが活きる学びと支援

松村 暢隆・石川 裕之・佐野 亮子・小倉 正義　編

新曜社　2010年　2,835円

知的能力の「パーソナリティ研究」が人への新たな見方を示す

　心理学の中で個人の性格を研究するパーソナリティ研究は、古くから多くの心理学徒の興味を引きつけてやまない領域である。**心理学研究の多くが、人間の普遍的な共通性の解明に力を注いできた。これとは裏腹に、個人差に対する興味の解明もまた、心理学の王道なのである。**

　パーソナリティ研究の多くが人間の行動や意識などの差異について焦点を当ててきたこととは対照的に、知覚や記憶、知的活動といった人間の脳の働きや情報処理を扱った認知プロセスの個人差については、これまであまり焦点が当てられてこなかったといってよい。実験心理学や認知心理学はその研究スタイルの中に、個人差を超えて存在する普遍的な共通性を求めるという前提が少なからず存在するからである。また教育心理学のような応用分野についても、個に応じた教育のベクトルはもちろんあるものの、やはり生徒全体に効果を及ぼす普遍性を求めるアプローチへの重視が少なくなかった。その中で、時として、勉強が苦手な生徒だけでなく、いわゆる「天才児」の取り扱いも後回しになり、学校の中で必ずしもうまく適応できないケースもしばしば報告されがちだったのである。

　本書は人間の知的活動の中で、これまで見逃されてきた「個人差」を取り巻くさまざまな研究と実践について、認知心理学、教育実践あるいは特別支援教育など幅広い視点からまとめ上げられたも

のである。内容については才能教育・個性化教育・特別支援教育の3つで、どのように認知的個性が取り扱われ、実践につながっているかという観点で示されている。才能教育では飛び抜けた能力の可能性を持つ子どもをどのように評価し、適切な教育プログラムを提供するかについて、レンズーリの全校拡充モデル、2E教育（「二重に特別な子ども」への教育）などの教育方法とその実践を中心に示されている。また個性化教育についてはイギリスのパーソナライズド・ラーニングやSBCD（学校を基礎としたカリキュラム開発）などの実践が示されている。**また近年一層注目されているアスペルガー障害やADHDなどの発達障害を持つ個人に対する特別支援教育もまた、認知的個性に特徴を持つ個人への教育の一つとして考えるとともに、教育によって十分な能力の伸長が期待できるものとして扱われている。**

研究の土台となる認知プロセスの解明については、もはや古典ともいえるクロンバックの適性処遇交互作用（ATI）から、ガードナーの多重知能理論やスタンバーグの思考スタイル研究など比較的新しい理論などが押さえられており、幅広い応用や実践をしっかりと支えている。

いずれにしても、今後認知心理学や脳科学研究がより進歩するとともに、必ず発展が見込まれる領域の研究である。これから教育や発達を学ぶ者には必須の本となるであろう。N

> ▶ 人間の認知、情報処理の個性の解明から、教育への応用へ
> ▶ 発達障害もまた「知的活動の個人差」として見直すきっかけへ

さらに知識を深めたい人に
- 『MI：個性を生かす多重知能の理論』 ハワード・ガードナー著 松村暢隆訳　新曜社　2001年　3,465円
- 『発達障害かもしれない―見た目は普通の、ちょっと変わった子』 磯部潮著　光文社新書　2005年　735円

404

状況に埋め込まれた学習
正統的周辺参加

Situated Learning: Legitimate Peripheral Participation
ジーン・レイヴ、エティエンヌ・ウェンガー　著
佐伯胖　訳　　福島真人　解説

産業図書　1993年　2,520円

徒弟制社会から、状況論的学習への歴史的転回

　教育や学習という言葉が、心理学に入ってきたその時から、これらの言葉は「経験によって、なんらかの努力を通して、いろいろなことを覚える、あるいは教え込まれる」というものとして意味づけられてきた。そしてさまざまな学習の理論、学習を推し進める動機づけの理論、よりよい知識の伝達を達成する教授の理論が開発されてきた。**これらの研究は、主として学校の視点から作り上げられたという意識が大きい。学校とはある意味、勉強という「勉めて強いるもの」をするところという認識をわれわれが持っているからかもしれない。**

　しかし、われわれは小さな頃から学校で学習してきたとは限らない。子どもにとって、遊びはもちろんしつけさえ「何だか面白いもの」として身につけていくものであるし、高校や大学に入って始めたアルバイトも、もちろん学習が必要だが、学校のように「勉強する」という印象は少ない。同じ学習・教育でも、なぜここまで違うのか。

　レイヴらは、教育という概念がほとんど意識されないままに実際の教育が進んでいる現場から、この違いに取り組み、新たな学びの世界を見いだした。彼らは、アフリカの仕立屋やメキシコの産婆のような前近代的な世界での徒弟制、断酒のための自助グループのようなコミュニティを例にとり、「新参者（novice：ノビス）」が熟達

者（expert：エキスパート）である親方や先輩の世界に飛び込み、その世界の中で生活を送りながら次第にエキスパートになっていくその過程を丹念に追った。この過程を正統的周辺参加といい、その世界の入口である周辺に足を踏み入れながら、やがて集団の中心に入り込んでいくという成長を徐々に進めていく。この間、学び手である新参者は「働き手」としての意識は強いが、学習者としての意識は乏しい。また教育者の役割を果たす親方についても、同じ職業を持つという意識は強いものの、先生としての意識はほとんどない。**そんな中で教授と学習が成立するメカニズムは、学校にも当事者の中にもなく、現場という彼らが働く「状況（situation）」の中に埋め込まれている。**これはたとえば、体育系の部活動の先輩が新入生に対し、まるで意地悪をするように走らせるのが、結果として新入生が部活動についていけるだけの体力を身につけることに役立つことに似ている。本人たちにはまったく意識がなくても、その「後輩いびり」の状況の中に必要な要素が含まれている「状況的学習」なのである。レイヴらは徒弟制や伝統的な学習のシステムの中に、このメカニズムが満たされていることを見破るのである。これ以降、学習研究は人間の中だけでなく、外の世界へ飛び出すことになるのだ。

本書は決して簡単に読める平易な本ではない、しかし現在の学習研究の基礎文献としての重要度は高い。心して取り組みたい名著である。N

> ▶ 状況的学習／認知的徒弟制／正統的周辺参加
> ▶「学校」以外の学びも、極めて理にかなっている教育システムだ

さらに知識を深めたい人に

☐『日常生活の認知行動―ひとは日常生活でどう計算し、実践するか』
ジーン・レイヴ著　無藤隆・山下清美・中野茂・中村美代子訳
新曜社　1995 年　3,780 円

「わざ」から知る
コレクション認知科学 6

生田久美子　著

東京大学出版会　2007年　2,520円

熟達・知識・学習、それぞれの関係を巧みに解明

　その道のプロの仕事は美しく、われわれの想像をはるかに超える領域で成し遂げる。**熟達者としてプロの境地に至るためには長い時間をかけた経験と「カン」が必要になるが、いったいその過程ではどのようなことが起こり、何が見えるようになり、何が身につけられるようになるのだろうか。**この問いに真正面から向かい合ったのが当時気鋭の若手であった生田である。初版の刊行は1987年。2007年に新装版として再び世に出るまで、本書は根強い人気をもって多くの人に読み継がれてきた名著である。

　生田は歌舞伎や能、日本音楽など数多くの熟達者の言葉から、「型」の習得や「間」の理解といった、熟達者に特有の経験世界を浮かび上がらせてくる。しかしこれらの先達の言葉からは、彼らが身につけた世界の断片しか見えてこない。しかも当の熟達者本人自身が、自分の身につけた世界を部分的にしか語ることはできず、多くの「わざ」は見えない世界に閉じられたままである。職人の技術の伝承の中で、しばしば技術の保持者である職人・親方が「『わざ』なんて教えられるものじゃねえや、盗むもんだ」と口にするのは、熟達者の知識と技術が、多くの場合部分的にしか語りえず、見えない世界に閉じ込められているからである。科学哲学者のポランニーはこれを、「暗黙知」の世界がわれわれの眼前に、見えないにもかかわらず広大に横たわっていると表現した。暗黙知の問題はわれわ

れに投げかけられた大きな問題なのである。

そこで生田は、「わざ」の世界そのものに直接アプローチをかけるというよりは、「わざ」を身につける学習場面の解明から、暗黙知の世界に光を当てようとした。そこから見えてきたのは、学び手が生活の一部として活動に参加する中で、師匠が実際に行う「息づかい」や「リズム」といった熟達者が持つ「勘どころ」への同期・同調を進めること。あるいはさまざまな比喩表現を用いて、言語によるイメージ化を発達させていくことなどの存在である。これらのプロセスは学校での学習とはやや異なる知識の獲得である。生田はより具体的で感覚的で徹底的、そして堅固で着実な「学び」のシステムをそこに見いだしたのであった。

先にふれたように、生田がこれを発表したのが1987年。新装版でこれらの学びのシステムは「解題」がなされた。解題ではこれらの問題が、それから程なく認知科学の世界でセンセーショナルに登場した、協同学習や正統的周辺参加、認知的徒弟制といったさまざまな概念とうまく結びついたことが示されている。**本書を含む認知科学の知見は、結果として古き良き学びの世界を、最新の学習理論としてリメイクすることに成功し、それまでの学校中心の知識・学習観とは違う、新しい知識・学習観を提供した。**世界に先駆けてこの試みに果敢に挑み、後の研究の発展を予言してみせた本書の意義は深い。N

> ▶ 熟達／「いき」の構造／新しい知識・学習観
> ▶ 古典的な世界の学びは、学習の新しい世界を切り拓いた

さらに知識を深めたい人に

- 『暗黙知の次元』 マイケル・ポランニー著　高橋勇夫訳
  ちくま学芸文庫　2003年　945円
- 『拡張による学習―活動理論からのアプローチ』
  ユーリア・エンゲストローム著　山住勝広・松下佳代・百合草禎二・保坂裕子・庄井良信・手取義宏・高橋登訳　新曜社　1999年　3,675円

406

人が学ぶということ
認知学習論からの視点

今井 むつみ・野島 久雄 著

北樹出版　2003年　2,730円

名講義から生まれた認知・学習研究「実況中継」

　講義のために教科書を作ることは一般的だが、講義が一冊の本になるというのは必ずしも多くない。しかし言語学の古典、ソシュールの「一般言語学講義」、心理言語学のチョムスキーによる「マナグア講義録」など古くから名講義は名著になりやすい。本書の土台になったのは、著者である今井が慶應義塾大学で行っている授業「認知学習論」である。**すなわち本書（あるいはこの講義）は、学習やそれを支える認知プロセスを独創的な視点から解説する「現代の名講義」なのである。**

　今井らは学習を、「知識の変容」と「課題に対する情報処理の最適化」ととらえる。学習は、経験によって自らの知識や行動が変化することであり、その変化が正確・高速に実現できるようになることでもある。学びを人間の内側のプロセスとして表現するとき、これほどに簡潔なまとめはない。しかし学びの世界は複雑かつ多様である。われわれが小学校から10年以上の間足を置いてきた学校を思い出すだけでも、学んだ知識・指導の方法・学びの風景など、説明し切れないほど膨大な質量の世界である。本当にこの簡潔な定義で、すべてがわかるのだろうか。

　この授業に携わったメンバーは、そういう学校文化にどっぷり漬かった学生に、学校とは違う視点から学習の話をすることにした。彼女らが取り出したのは、私たちがイメージする学習とはかなり異

なる世界である。ある時は、まだ学習の経験も能力も未熟な赤ちゃんを観察し、人間が最初に身につけ始める学習の過程を探る。またある時は、人間の情報処理能力をはるかに凌駕する人工知能（ロボット）が、子どもでもできる簡単な認知活動に苦労するところから、人間の持つ理解や学習の柔軟さや適応力を見いだしていく。極めつけは、能や将棋のプロを特別講師に招き、彼らが考える「学習」を語ってもらう。彼らの学びのスタイルや認知活動を通して、私たちの内側で気づかないうちに繰り広げられる学習のメカニズムを浮き彫りにしていこうとする。**私たちにはやや縁遠い世界の学習と比較をし、そこから光を当てることで、私たちの世界をくまなく照らし、さらに影の部分まで際立たせていくのである。**

後半では、今後変わるであろう学習の世界について、新しい事例からその可能性に迫っている。学校教育で始まった、これまでとは違う授業の実践とその成功。あるいは IT によって変わった新しい学びのかたち。これらの根底に流れるものは、先に出てきた知識の変容と処理の最適化によって貫かれている。近い将来、彼女らが見通した学びの世界は、個々の違いを超えてひとつに融合し、私たち学習者を支えることになるのかもしれない。慶應に入学しなくとも、その名講義が体験できる本書。われわれも学生になったつもりで、真剣に受けてみようではないか（寝てはイケマセンよ！）。N

▶ 学びのメカニズム／多様な学びの世界との比較「知覚の心理」

▶ 学習の初心者とプロに聞く、私たちの学びの内側の世界を探求

さらに知識を深めたい人に

□ 『「未来の学び」をデザインする—空間・活動・共同体』
美馬のゆり・山内祐平著　東京大学出版会　2005 年　2,520 円
□ 『授業を変える—認知心理学のさらなる挑戦』
米国学術研究推進会議編著　森敏昭・秋田喜代美監訳
21 世紀の認知心理学を創る会訳　北大路書房　2002 年　3,990 円

まなざしの誕生 [新装版]
赤ちゃん学革命

下條信輔 著

新曜社　2006年　2,310円

赤ちゃん研究から認知の大胆な理論展開へ

　人間の発達の中でも、いわゆる赤ちゃんと呼ばれる乳児の時期は特別に興味深い存在である。われわれは本能的ともいえる感覚で赤ちゃんを「かわいらしい」と感じ、その表情や動きの一つ一つに反応し、大きな興味を引き起こす。素朴かつ純粋な意味で、われわれは赤ちゃんに大いに関心を寄せる。どの発達段階をとっても、これほどポジティブにかかわりやすい存在は少ない。

　しかし「赤ちゃんの研究」となると、これまた途端に難しい。乳児期の赤ちゃんは明確な「言葉」を持たず、精緻なコミュニケーションができないからである。このため研究者はあの手この手を使って、丹念に赤ちゃんの行動や表情を探る。彼らが表す小さな手がかりを積み重ねながら、彼らの内側にある「心理」について、まるで玉ねぎの皮を一枚ずつめくるように地道に、涙を流しながら追い求めるのである。

　下條は赤ちゃんの「眼」から、赤ちゃんの内側にある脳と心の世界にアプローチをかけた。赤ちゃんが生まれて初めてものを見るという行為を通して、どのようなものに好奇心を持つのか、変化する世界と変化しない世界をどのように認識するのか、他者を手がかりに自己をどうやって認識していくのか、その謎の解明は読者を新たな認知と学習の世界へ誘う。それだけではない、**著者はこれらの現象を通して、人間の知能といったものがどのような本質を持つのか、**

あるいは人間が「頭の良い機械」として重要なのではなく、他者とのコミュニケーションの中で柔軟に変化する「応答する機械」としての賢さが本質的に重要なのだと主張する。

1988年に初版が刊行された本書は、この赤ちゃんの世界を解明する面白さと、そのための丹念なアプローチについて紹介を行っている。著者である下條信輔は知覚を専門とする心理学者であり、もともと発達研究の専門家ではない。彼は主に赤ちゃんの知覚を通して、彼らがどのように世界を認識するようになるか、あるいはどのようにして世界を学習していくか、知覚心理学の伝統である緻密な実験研究を中心としながら話を展開している。言葉で語ることのない赤ちゃんに迫るため、考え抜かれた実験材料と手順から多くのデータを取り、論を積み上げていくそのスタイルは、**単に赤ちゃん研究の本としてだけではなく、見えない心の姿を実験や調査によって解明するにはどうすればよいのかという、心理学の研究方法の参考書としても意義深い**。また、これが書かれた20年以上前に、すでに現在の認知科学や学習科学が主張する考え方を見据えて、人間の認知や知能の本質を看破したその慧眼にも驚かされる。その意味でも、いまだ本としての新しさがまったく失われない認知・発達研究の基本文献として十分に位置づけることができるのである。心はうまく話せない。その声を聞くために、心理学者は知性と感性を研ぎ澄ますことが大事なのである。🅝

> ▶赤ちゃんの世界認識とその豊かな可能性
> ▶「頭の良い機械」ではなく「応答する機械」としての人間

📖 さらに知識を深めたい人に ──────────
□『乳児の世界』 フィリップ・ロシャ著　板倉昭二・開一夫監訳
　ミネルヴァ書房　2004年　3,045円
□『言語を生みだす本能（上・下）』 スティーブン・ピンカー著
　椋田直子訳　NHK出版　1995年　各1,344円

ようこそ！青年心理学
若者たちは何処から来て何処へ行くのか

宮下 一博　監修
松島 公望・橋本 広信　編

ナカニシヤ出版　2009年　2,625円

古くない！　偏りも少ない！　青年心理学の教科書

　心理学を学ぶ大多数が大学生だからかもしれないが、青年期という時期は、児童期や老年期といった発達心理学研究における他の時期に比べても圧倒的に人気のある研究対象である。またそうでなくとも、青年期は古くから多くの人々に強い興味と関心を与える時期のようで、そこから数十年経った世代でさえ、何かにつけ若かりし頃の思い出に浸るものである。

　古くはアイデンティティ研究のエリクソン、ゲシュタルト心理学者のレヴィン、精神分析のフロイトなどが知られる青年期研究は、近年に至るまでその人気も手伝って膨大な研究群がある。社会の発達と成熟で次第に長く延びているといわれる青年期、通過儀礼一つで「大人」になることを余儀なくされた古代と違い、大人になるために必要とされる姿勢や能力、出会う体験も増加している。研究の対象が増加するのも無理はない。

　しかし現代に至るまで、教科書における青年期とは、いまだにアイデンティティや自立といったテーマから大きく離れないものも少なくはなかった。また、執筆者の個別のテーマや事例による偏りもあわせて、バランスのとれた書籍になるとぐっと少なくなりやすいのも事実である。

　本書は青年心理学の入門書として、そして青年期研究を志す者の研究ガイドとして、幅広い領域を網羅しつつ、古典的な理論から新

しい研究結果までをバランスよく取り込んでいる。**アイデンティティや自立、友人関係といった伝統的なテーマから、恋愛、携帯電話やネットなどのメディア利用、死生観や生きがい、そして現在社会的な関心を引き起こしている「ロスト・ジェネレーション」の問題まで**。従来の青年心理学書には決して手厚く取り扱われたわけではないが、実際には多くの研究があるさまざまな蓄積がふんだんに示されている。また、章中や巻末には、さらに多彩な14のコラムや実体験のための11のワークが盛り込まれ、読者自ら研究の実際を体験することができる。

それぞれの章は、もちろん各著者によって多くの知見や研究の紹介と説明がなされているが、すべての章末に「現代青年へのメッセージ」が書かれている。それぞれのメッセージでは著者から、おそらくは読み手の大多数であろう青年期の若者たちに、心からの「熱い思い」が添えられている。**青年期を研究する研究者は、悩める青年に優しい。青年の悩みに答えるべく、悩みの正体を平易に説明し、それらが青年期に特有の「誰もが通る道」であることを伝えようとしている**。またそのうえで研究者たちは、若者たちが自立やアイデンティティの確立といった、意外とハードなハードルに負けないよう、また甘えないよう、ちょっとだけ冷たくてキツイお説教も、それはまた優しい眼差しで送っている。多くの人にとって、青春は辛くも美しい。しかしその思い出を越えて、さらに人生が素晴らしいと思える成人に成長してほしいのである。N

▶ 青年期／アイデンティティ／自立／新たな青年期研究
▶ 大人になろうとする／ためらう青年の内側に迫る

さらに知識を深めたい人に

□『よくわかる青年心理学』　白井利明編　ミネルヴァ書房　2006年　2,625円
□『アイデンティティの心理学』　鑪幹八郎著　講談社現代新書　1990年　735円
□『思春期・青年期臨床心理学』　伊藤美奈子編　朝倉書店　2006年　3,570円

知能
1冊でわかるシリーズ

Intelligence: A Very Short Introduction
イアン・ディアリ 著
繁桝 算男 訳　　松原 達哉 解説

岩波書店　2004年　1,470円

「1冊でわかる」知能研究

　本邦でも人の知能に関する研究は行われているが、心理学の領域に限るとそれほど多くはない。それも主に個別知能検査の開発に関係するもので、それ以外では知能観の国際比較や世代間相違（本書でもフリン効果として紹介されている）に関する教育心理学的研究、最近では知能の行動遺伝学的研究といったところである。ネットで知能を検索しても、ヒットするのは人工知能ばかりである。

　一方、海外の心理学に目を向けると知能に関する研究が連綿と続いている。自然科学と比べれば、そうした知能研究でわかったことはほんのわずかかもしれないが、確立された事実というものはある。本書はそうした事実の中から、知能の種類、加齢に伴う知能の変化、脳の大きさ（！）と知能の関係、遺伝と環境の要因、知能の進化、知能の定義に絞り、11種のデータに基づいて紹介している。**しかも、うれしいことに、どれも本邦の心理学書では知ることのできなかった最新の研究成果ばかりである。トピック自体も興味深く、11種のデータは質が科学的に保証されているので、結論は説得的である。**知能について知る最初の一冊として薦めたい。**H**

さらに知識を深めたい人に

□ 『知能心理学ハンドブック（第1～3編）』
　ベンジャミン・B・ウォールマン編　杉原一昭監訳
　田研出版　1992・1994・1995年　9,030・8,610・8,190円

410

IQってホントは何なんだ？
知能をめぐる神話と真実

村上宣寛 著

日経BP社　2007年　1,575円

『心理テストはウソでした』の著者が贈る知能研究概説

　頭が良いとはどういうことか。学校の勉強ができ、とっさの機転が利く人は頭が良いと思うが、悪知恵という言葉もあるくらいだから、ことは単純ではないようだ。ヴントはライプツィヒ大学に世界で最初の心理学実験室を1879年に設置したが、それ以前から頭の良さについて関心を持ち、大掛かりな装置を考案して実験を繰り返したという。著者によれば、「頭の良さ」＝「知能」としか考えようがないので、ビネーとシモンが知能検査を開発した1905年よりも前から心理学では知能を研究していたことになる。その長い研究で知能について何がわかり、何がわからないのか。**著者は知能の定義と測定法、知能モデル、知能テストの妥当性、知能と加齢との関係、遺伝と環境の要因、知能テストの文化的バイアス、知能の男女差、勤務成績に関する知能テストの予測的妥当性について最新の科学的論文に基づいて概説し、サイエンスとしての心理学の立場から、知能に関して真正面から論じた。**本文に若干の統計用語が出てくるので、相関や回帰係数等に詳しくない読者は最初に巻末の説明を読んでおくとよいだろう。知能に関する文献が不足する本邦において、今後、本書が心理学書に引用されることは間違いない。**H**

さらに知識を深めたい人に

- 『新しい知能観に立った知能検査基本ハンドブック』
  辰野千壽著　図書文化社　1995年　1,223円

411

人を伸ばす力
内発と自律のすすめ

Why We Do What We Do: Understanding Self-Motivation
エドワード・L・デシ、リチャード・フラスト　著
桜井　茂男　監訳

新曜社　1999年　2,520円

人間には自ら成長するという内発的な欲求がある

　著者のデシは、内発的動機づけの研究、中でも内発的動機づけに基づいて行われる行動に外的報酬を与えると内発的動機づけが阻害されるという外的報酬の阻害効果の実験で有名である。本書はこの内発的動機づけと外的報酬の関係についての有名な実験の記述に始まり、さまざまな研究結果を通して社会や教育における内発的動機づけの重要性を伝えるとともに、どのようにして内発的動機づけを高めることができるかについて述べた本である。

　他者を指導する立場の人、親や教師、管理職、医者、コーチなどの立場にいる人は、相手が無責任な行動に走るのではなく責任ある行動を行ってくれることを望む。具体的には親や教師は子どもに効果的で楽しい学習に積極的に参加することを求め、管理職は大人に対して効果的な労働を求め、医者やコーチは相手が長期に及ぶ健康的な行動を行うことを求める。しかし外的な報酬や罰、外的なプレッシャーなどによる統制では、責任のある行動を生み出すことは難しく、もし可能であるとしても莫大なコストがかかる。子どもが勉強しないといって嘆く親は、お小遣いという外的報酬の餌やお小言という罰、一定時間勉強したらゲームをすることを許すなどのルールによる統制で、必死に子どもに勉強させようとする。しかしこのような報酬と罰、管理による外からの統制は一時的には成功するかもしれないが、親の目が離れたところで子どもが勉強を継続するこ

とを期待することはできず、結局は失敗に終わる。結局は子ども自身が自分で自分を勉強に対して動機づけてもらわなければ継続的に勉強するという目的は達成できないし、ましていやいや勉強するのではなく楽しんで学習してほしいと望むなら、子どもが自律的に学習したいと望むことを待つしかない。「自律的に行動しなさい！」と命令して問題が解決すればよいのだが、この命令自体がパラドックスとなってしまう。だからといって、本人次第とあきらめて放任することもできない。そこでそれらの立場にいる人にとって正しい問いは「どのようにすれば他者が自らを動機づける条件を生み出せるか？」となる。

この問いに対する著者らの回答は、自分が結果を左右したという感覚（自律性）、「できる」という感覚（有能感）、他者と良い結びつきを持てているという感覚（関係性）、これらの感覚を得られるように働きかけることである。本書が素晴らしいのは、これらの答えが単なる教条主義的に語られているのではなく、確かな心理学的実験、研究に基づいて記述されていることである。

本書の底に流れるもう一つの一貫した問いは「自由とは何か？」である。著者らは内発性と自律性の問題を考えるとともに、社会の中で持続可能な自由とは何か、真の自由とは何かを各章を通して問い続けている。最終的にその問いに対する著者らの考えは第13章に示されており、この章は幾分か哲学的な内容となっている。しかし形式的な哲学的議論ではなく、本書を初めから丁寧に読んでいくことでその述べられているところに心理学的な裏付けを得られる議論が展開されている。「自由」という哲学的な問題に関心のある学生にもぜひ本書を薦めたい。T

第❹章　学ぶこと・成長することを分析する

💡 ▶ 内発的動機づけは有能感、自己統制感、関係性へ

📖 さらに知識を深めたい人に ─────────
□『知的好奇心』　波多野誼余夫・稲垣佳世子著　中公新書　1973年　756円

発達障害の臨床心理学
叢書　実証にもとづく臨床心理学

東條吉邦・大六一志・丹野義彦　編

東京大学出版会　2010 年　3,990 円

発達障害に関する「研究」の書

　現在では広く社会に知られるようになった「発達障害」に関する専門書である。発達障害とは広汎性発達障害（自閉症スペクトラム）、注意欠如・多動性障害（ADHD）、学習障害などをさす。1980 年代から医療や学校教育の場面でクローズアップされ始めたが、日本ではとりわけ 2005 年 4 月に施行された発達障害者支援法による、公的な支援体制の整備開始によるところが大きいとされる。

　このように社会に知られるようになることで、発達障害の状態についてわかりやすく解説した書籍や、どのように接すればよいのかその支援の具体的な方法について書かれた書籍が非常に多く出版されている。**ここであえて本書を紹介する理由は、それらの多くの書籍と異なり、発達障害に関する心理学的な「研究」の現状を伝える本だからである。**それだけに、初歩的なテキストではなくある程度の知識や経験を有する人向けとなっていて、記述や説明が難しく感じられるかもしれない。だがむしろ、そのような位置づけの、手頃な類書が見当たらないことが、本書を特徴づけている。発達障害に関心を持ち研究を行おうとしている大学生や大学院生、臨床に携わっている臨床家、さらには、発達障害児者に接しているご家族や学校の先生、あるいは当事者とされる方々にもお読みいただきたい。

　本書は 4 部 10 章で構成されている。第 1 部は広汎性発達障害、第 2 部は注意欠如・多動性障害だが、それぞれ 2 章ずつ、前半の章

が障害のメカニズムに関する研究の解説、後半の章が心理学的技法による介入に関する研究の解説となっている。第3部は学習障害が扱われ、発達性の読み書き障害と特異性言語発達障害についての研究が紹介されている（トピックスで算数障害も扱われている）。第4部では、発達障害に関連した問題として、第7章では発達性協調運動障害が解説された後に、第8章では不登校との関連、第9章では非行との関連、そして第10章では早期（適正）発見と5歳児健診が解説されている。それぞれの障害についての関心ももちろんだが、最後にこの3つの章が挙げられていることに、**学校教育として、社会として、そして子どもの親としての、一般社会からの「要請」がひしひしと感じられる気がしてならない。**

　本書が「叢書　実証にもとづく臨床心理学」の一冊として出版されていることにも注目しておきたい。実証にもとづく実践（evidence-based practice）の2つの意味を私なりに解釈すると、メカニズムに関するエビデンスと、心理学的介入の効果に関するエビデンスである。発達障害はいずれも「なんらかの脳の障害により」生じることが想定されており、本書でも随所に脳科学的な知見が参照されている。適切で有効な実践のもととなるエビデンスとはいかなるものなのか、エビデンスがどのように活かされるのか、心理学研究者（のはしくれ）という観点からも、発達障害に関する研究の進展には目が離せないのである。M

▶「研究」の書／メカニズムと介入の実証研究
▶適切で有効な実践のもととなるエビデンスを追究する

さらに知識を深めたい人に
□『発達と脳—コミュニケーション・スキルの獲得過程』
　岩田誠・河村満編集　医学書院　2010年　3,780円

Tips 5

文献のちょっと賢い読み方

　書籍・論文など心理学の文献は多種多様、頑張って読んでみたはいいが頭の中に入らなかったり、逆に揺さぶられたりさまざまである。特に初学者の場合、時にミスリードと呼ばれる誤読をしたり、著者の意見に影響されすぎて知識のバランスを欠いたりしやすい。文献は内容を的確に把握し、問題や限界も把握する批判的（クリティカル）な読み方ができるに越したことはない。そこでよりよい文献の読み方を、ちょっとだけアドバイスしたい。

(1) 事実と考察（意見）を分ける
　書籍の内容は、研究の結果などに代表される「事実」の部分と、そこから書き手が自由に意見を述べる「考察」の部分に分けられる。事実は確定的な世界だが、考察は未来への期待や可能性についても書かれ、そのまま鵜呑みにできないこともよく理解しておこう。

(2) 論文は「問題と目的」「方法」を丹念に
　実験や調査系の論文は、どういう問題に焦点を当て、それをどうやって解明したか、結果はどうだったかが重要なポイントである。先行研究をベースに何を研究しようとしたか丁寧に理論構成されており、解明の方法として適切な実験・調査が計画されていたかをつかめれば、あとは結果の部分を正確に読み取れればよいのである。

(3) 専門書らしい言い回しに慣れる
　たとえば結果を示す言葉でも、「〜が明らかになった」と「〜が示唆される」では結果の確実度が違ったりする。そういう表現や言い回し、専門用語（テクニカルターム）に慣れ、書き手の伝えたかったことを正確に理解するトレーニングを積んでおきたい。N

第**5**章

「わかりやすさ」の
メカニズムを科学する

501

不思議現象
なぜ信じるのか こころの科学入門

菊池 聡・谷口高士・宮元博章 編著

北大路書房　1995年　1,995円

科学では説明できそうにない現象を科学的に説明

　なぜか心理学という学問をやっているだけで、心理学を学ぶ学生や研究者は、世間一般の人から身の回りの不思議な現象や体験の意味について「心理学的に説明してください」と質問を受けることが多い。予知夢、金縛り、占いに血液型まで。どれも「科学的には根拠がない」と考えられるようなものばかり。とはいえうかつに「科学的ではない」と説明しようものなら、「私は経験したことがあります」と自己の体験を強く主張される。こういうやりとりがあちこちで繰り広げられている。

　これらの「不思議現象」と呼ばれるさまざまなものについて、科学的な説明が可能なものには説明を、科学的根拠のないものにはその説明を、真摯に誠実に行っているのが本書である。金縛りについては脳波の研究から得られた知見を根拠として説明を試み、その原因が睡眠時の自律神経系の乱れからくることを明らかにしている。世の中に氾濫している「心理テスト」と、心理学の世界で実際に使用されている心理テストはがどのように違うのかについても、本物の心理テストが信頼性や妥当性と呼ばれる正確な結果を得るための条件が必要であることだとしている。そしてその条件を満たすためどれだけの工夫と努力が費やされているのかもポイントを押さえて説明がなされている。このように心理学は「科学」に裏打ちされた理論で丁寧に築き上げられており、ここからまた血液型性格診断が

なぜ科学的ではないのかについても説明することができるのである。

　本書に一貫して流れる考え方は、単に非科学的な現象や超常現象の科学的な説明ではない。なぜ人間がこのような現象を信じてしまうのか、「信じやすき人間」の内側に潜む心理の解明と説明のあくなき追求である。情報化が高度に進み、自然科学が発展めざましい現代において、なぜ若者をはじめとする人間が世界を誤解してしまうのか。**著者らはそこに、すべてが明らかではなく、またすべてが必ずしもハッピーエンドではない現実に生きる私たちが、なんとか世界を幸せな形で納得させたいという願望やあこがれの存在を見いだしている**。したがって著者らは、「科学的な見方・考え方」を振りかざして私たちに正しい世界を見せようとしているのではなく、世界の真実の姿を通して、不思議現象につい心を奪われてしまう、一人一人の人間が抱くありのままの姿を明らかにしようとしているのである。

　本書の終わりの部分では、心理学を学ぼうとする読者のために、科学的に考えることの方法や姿勢について説明をし、われわれが人間や世界といった対象について謙虚かつ誠実に向かい合うことの大切さを改めて示している。心理学は人間を説明する万能の手段ではない。その中でもなお人間を誠実に説明するため、本書が心理学という学問の中で持つ意義は大きい。N

> ▶ 科学的実証／不思議現象／だまされやすい人間
> ▶ 思わず納得しそうになる「誤った説明」の落とし穴に気をつけろ！

さらに知識を深めたい人に

- □『人間この信じやすきもの―迷信・誤信はどうして生まれるか』
　トーマス・ギロビッチ著　守一雄・守秀子訳　新曜社　1993年　3,045円
- □『しろうと理論―日常性の社会心理学』　アドリアン・F・ファーンハム著
　細江達郎監訳　田名場忍・田中場美雪訳　北大路書房　1992年　3,364円

502

錯覚の世界
古典からCG画像まで

La science des illusions
(The Science of Illusions)
ジャック・ニニオ 著
鈴木 光太郎・向井 智子 訳

新曜社　2004年　3,990円

> **美しき錯覚の世界に潜む心のメカニズムを豊かに示す**

　心理学の中でも長い歴史を持つ視覚に関する膨大な研究の中でも、錯視の研究は際立って魅力的である。何百もある錯視図形や画像は、ほぼ間違いなく私たちを錯覚の世界に誘い、現実の世界が揺らいでいるような感覚を引き起こす。**このことは同時に、私たちの知覚する世界が、決して本当の意味での「生の現実」ではなく、脳によって巧妙に操作された「バーチャルな世界」であることを意味している**。著者であるフランスの分子生物学者ニニオも、この魅力にとりつかれた一人であり、彼ならではの独特のセンスで、錯覚が持つ不思議な世界に挑んでいる。

　錯覚自体は古くから知られた現象である。古代ギリシアのユークリッドやアリストテレスも、物理的には割り切れないように見えるこれらの現象を目ざとく発見していた。ニニオはこれらがニュートンやドップラーなど、近代科学の力によって「割り切れる」ようになった歴史から話を始める。そして心理学の源流の一つである精神物理学やゲシュタルト心理学によってさらに解明が進むとともに、新たな「錯覚」が次々に生み出され、結果として新たな謎が次々と生まれていく様子を、わかりやすく丁寧に解説している。各ページで見られる多くの錯視図版、そして説明のための図解を眺めるだけでも、われわれの先人がどれほど錯覚の世界に魅了されてきたか、改めて感心させられるだろう。

古典的な錯視・錯覚研究といえば、幾何学的錯視や多義図形などが有名である。そして現代になってCGやアニメーションのような新しいメディアの出現により、錯視・錯覚のバリエーションはさらに増え続けている。新しいバリエーションの一部は、必ずしもそのメカニズムの解明に至っていない。そのようなものについても多くの例が割かれているので、読者の中の誰かがまたこの世界の解明に挑んでほしいと思わずにはいられない。

　錯覚は視覚に限ったことではない。聴覚や触覚のような異なる感覚でも知覚されることがあるほか、言語のようなより高次の精神機能でも生じる。もちろん彼はこれらの現象も逃さない。記憶や推論など、近年の認知心理学、神経生理学の知見もふんだんに盛り込んで、さまざまな錯覚の世界についても豊かな解説を加えている。

　ニニオは本書の中で、「あなたを幸せにできるのは、ぼくしかいないと思う錯覚」と、われわれ日本人にはちょっと気恥ずかしくなるような、フランス人らしいエスプリ（精神）をふんだんに織り込む。するとまるでそれは科学とはまったくかけ離れた世界にあるかのような「錯覚」を読み手に与える。ともすれば堅く無機質な文章の多い専門書の中で、フランス語のセンスを余すところなく訳し切ったことも見逃せない。🅝

▶さまざまな錯覚の魅力／錯覚のメカニズム
▶現実をバーチャルに理解する人間の面白さを味わう

📖 さらに知識を深めたい人に

☐ 『錯視の科学ハンドブック』　後藤倬男・田中平八編　東京大学出版会　2005年　13,650円
☐ 『錯覚の科学』　クリストファー・チャブリス、ダニエル・シモンズ著　木村博江訳　成毛眞解説　文藝春秋　2011年　1,650円

意識
1冊でわかるシリーズ

Consciousness: A Very Short Introduction
スーザン・ブラックモア 著
信原 幸弘・筒井 晴香・西堤 優 訳
信原 幸弘 解説

岩波書店 2010年 1,785円

意識を科学的に解明することは可能なのか？

　意識とは、われわれがいま、ここで感じている「心」の感覚のことで極めて身近なものであるが、これを研究するのは極めて難しい。哲学の歴史の中でもこの問題は常に中心的なテーマを占めてきた。たとえば「心身問題」という問題は、意識と身体の関係がどのようなものなのかについての問題であり、デカルト以来（もちろん、もっと元をたどればプラトンに至る）多くの哲学者が思索を重ねてきた問題である。**ちなみに心理学者は、この問題があまりにも難しいので、そもそも意識など問題にしないというスタンスをとってきた時期が長かった**。

　しかし、近年、認知心理学、認知科学の発展や脳科学の発展の中で再びこの問題が脚光を浴びてきた。そのきっかけの一つは、1985年にリベットが行ったある研究である。リベットは被験者にまっすぐに手を前に伸ばさせて、好きなタイミングで手首を曲げるという試行を40回行わせた。そして、次の3つの時間を測定した。それは、（A）行為が開始された時間、（B）運動皮質（手首を曲げるという行動を制御している脳の部分）が活動を開始した時間、そして、（C）被験者たちが行為をしようと意識的に決めた瞬間である。もちろん、（C）の測定はなかなか難しいがリベットは巧妙な方法を考案してこれをクリアした。

　さて、この研究で恐るべきことが明らかになった。もし、われわ

れに自由意志のようなものがあり、それによって自分がすることを意識的に決定しているとすると、(A)〜(C)の時間の流れは、(C)→(B)→(A)となるはずである。ところが、実際に測定してみると、(C)と(A)の時間間隔は、(B)と(A)の時間間隔より短かったのである。つまり、時間の流れが(B)→(C)→(A)のようになっているのである。これは、われわれが「自由意志」によって手首を曲げると決心するより前に脳が手首を曲げる指令を出しているということである。

ここから導かれる結論は、**われわれは意識の中の自由意志で物事を判断しているように見えるが、実はそうではなく、脳はわれわれの意識より前に行動を決定してしまっているということ**だ。つまり、われわれが感じている「自由意志」感は、一種の錯覚であるというのである。これを「意識の壮大な錯覚理論」という。驚くべきことにこれは現在の意識研究の中で最も有力な説の一つである。

このように、意識研究の最前線は、脳科学の研究成果を取り入れたものになってきている。ただし、意識研究の本当の面白さを知るためにはこの問題に関していままで先人たちがどのような議論を行ってきたのかをまとめておくことが必要である。

本書はまさにこれをめざした本である。しかも、非常にコンパクトな中にいままでの意識研究をうまくまとめることに成功している。類書は特に哲学の分野で何冊かあるが、本書は認知科学を含めた最近の研究を中心に論じているという点が新しい。

▶ 意識／認知科学／心身問題／意識の壮大な錯覚理論
▶ 意識研究は認知科学の最後のフロンティア、意識研究の現状をわかりやすく概観する

さらに知識を深めたい人に

□『ユーザーイリュージョン──意識という幻想』トール・ノーレットランダーシュ著　柴田裕之訳　紀伊國屋書店　2002年　4,410円
□『ワーキングメモリ──脳のメモ帳』苧阪満里子著　新曜社　2002年　2,625円

504

ビジョン
視覚の計算理論と脳内表現

Vision: A Computational Investigation into the Human Representation and Processing of Visual Information

デビッド・マー　著
乾 敏郎・安藤 広志　訳

産業図書　1987年　4,410円

人間がものを認知するプロセスを明らかにするために

　われわれは、目で外界を観察しそこに何があるのかを把握して行動している。壁にぶつからないように歩き、文字を読み、机の上の鉛筆をつかみ、恋人が髪型を変えても別人と見間違わないで同定できる。錯視のように、実際と異なった長さに見えてしまったりするエラーもときどきはあるものの、ほとんどのことはうまくいき、日々生活していくことができる。この能力は、われわれ自身あまりにも無意識的にあっけなく行ってしまうことができたために、それがどんなに複雑なプロセスなのかについて、あまりわかっていなかった。

　ところが、**ロボットやコンピュータにものを見せようという試みを始めたとき、実は人間が何の苦もなくやってしまうこれらの情報処理がとてつもなく難しいものだということがわかり始めたのである。**

　では、人間がものを見るというこの仕組みをどのように研究していくべきなのか？　この問題についての科学的な研究の枠組みを作り、研究を方向づけたのが、デビッド・マーによるこの著作である。本書は難解で専門的な部分も多い。しかし、じっくり取り組むことによって、視覚というシステムの不思議さや「すごさ」が体感できる手応えのある一冊である。

505

認知心理学
New Liberal Arts Selection

箱田 裕司・都築 誉史・川畑 秀明・萩原 滋　著

有斐閣　2010年　3,570円

人間の心を科学的に解明する認知心理学のテキスト

　認知心理学は、1980年頃から急速に発展してきた心理学の分野である。扱うのは、人間の知覚、記憶、思考、言語等であり、人間をコンピュータとのアナロジーでとらえ、われわれが頭の中でやっているさまざまな処理をモデル化しようという、いわば科学的アプローチをとる心理学の代表格である。脳科学や言語学、認知科学との関係も深い。

　このような分野だから、学問の進歩は早く、研究の最先端を適切に紹介する概説書を書くのも容易ではないのだが、おそらく現段階で最も優れた概説書がこの本である。執筆者も各分野の第一人者である。類書にない特徴としては、認知心理学の広がりというのを特に意識しているところだろうか。他書にはあまり見られない、感性認知、認知進化と脳、文化と認知、メディア情報と社会認識などの章が設けられている。また、日本のテキストには珍しく、図表を豊富に使い、ページ数も十分とってあり、お薦めできる。**O**

▶ 認知心理学のテキストの新スタンダード

さらに知識を深めたい人に
□『現代の認知心理学（全7巻）』　日本認知心理学会監修
　北大路書房　2010年～

認知研究の技法
シリーズ・心理学の技法

海保 博之・加藤 隆 編著

福村出版　1999年　2,730円

質問紙だけが心理学研究じゃない！　さまざまな研究技法の解説書

　卒業論文で心理学研究をするときの定番といえば、アンケート形式の質問紙調査、子どもや動物の反応記録、コンピュータを使ったものなら知覚や記憶実験といったところ。いずれも大がかりな装置は必要なく、分析の方法も比較的確立したものが多い。そして何より安上がりなのである。しかし教科書や論文を読むと、大きな装置を使ったり、コンピュータ・シミュレーションがあったりと、本来心理学の研究、特に実験心理学や認知心理学の研究はさまざまな手法を用いているのである。

　また研究者にとって、高度な熟練のいる技法や特殊な装置を使った研究は、一種のあこがれのようなものがある。筆者も学生の頃、アイマークレコーダ（眼球運動測定）を使った視線の解析ができたらと、数百万する装置を見ながらあこがれていた。それから10年ほどして、本当に装置を手にすることができたとき、感動と同時に、思うような結果が得られず苦労も増えた。

　認知研究を中心に、上記のような研究の技法の紹介と解説を行っているのが本書である。単に技法の紹介だけでなく、実験参加者は何人必要かとか、説明概念の選択はどうするかといった、研究をする際に気をつけておきたい諸問題についてもわかりやすく解説がなされている。

　人間や動物を対象にして、行動や報告の記録をベースとした心理

学研究はまさに心理学の古典的な王道だが、認知研究の発展によってそこから得られた知見はコンピュータ・プログラムとして再現し、本当に人間と同じ振る舞いをするかといったシミュレーション研究として、現在では比較的一般的に行われるようになった。もちろん「人間をコンピュータと同じものと考えてよいのか」といった素朴な疑問も重要で、本書はそれぞれの研究ができることや限界についてもふれられている。

実際、本書に示されている手法は認知研究に限らず、心理学全体の研究にも参考にしたり、応用したりすることができる。臨床心理学でしばしば用いられる事例研究にしても、認知科学ではプロトコル分析や相互作用分析といった微視的（ミクロレベル）な方法がとられたりする。子どもの発達の観察にしても、最近ではエスノメソドロジーのような、対象者が気づかないうちに取り込んでいる潜在的な秩序を見いだすような手法が頻繁に見られるようになった。本書が出された当時には、実験参加者の人数もたいていは経験的なレベルで見積もっていたが、いまではコンピュータ・ソフトで適正なサンプルサイズを算出することも比較的当たり前に見られるようになった。卒論、修論に関係なく、自らの研究をより洗練されたものにしようと思うとき、本書はそのセンスを養う格好の教科書になるだろう。🄽

▶ さまざまな研究技法を知って、研究のセンスを磨く
▶ 先行研究どおりの方法ではなく、新たな研究の工夫にトライしよう

さらに知識を深めたい人に

- □『心理学研究法入門―調査・実験から実践まで』
  南風原朝和・市川伸一・下山晴彦編　東京大学出版会　2001年　2,940円
- □『エンサイクロペディア心理学研究方法論』　ウィリアム・J・レイ著
  岡田圭二訳　北大路書房　2003年　5,040円

日常認知の心理学

井上 毅・佐藤 浩一　編著

北大路書房　2002年　3,570円

「生態学的妥当性」を追求した心理学研究の集大成

　心理学研究の歴史は、「科学としての厳密さ」を追い求めた歴史と言い換えることが可能である。さまざまな人間の特徴・傾向を知りたいという純粋な人間への興味は、実験・調査という研究の方法を通して、その解明をひたすらに続けてきた。それと同時に、心理学という学問が通俗的なものに堕ちないため、実験条件の統制や実験手続きの徹底、統計的検定による検証といった厳格な研究方法を採用してきた。いつしか研究は実験室を中心とした世界で行われるようになり、われわれが日常感じる素朴な人間への興味に応えるものとは次第にかけ離れるようになったことも事実である。

　これに異を唱えたのが、認知心理学者のナイサーである。ナイサーは生態学的妥当性という考え方を提案し、心理学に「ナイサー・ショック」と呼ばれる一大センセーションを巻き起こした。**ナイサーによると、われわれが心理学から知りたいことは、現在や未来に対処するための一般的法則であり、そのため人間が実際に行っている認知や行動を、日常の自然な状況の下で明らかにするべきだと発言した**。ナイサーはこれにより、それまでの実験室研究に痛烈な批判を与えた。ナイサー以後、世界の認知心理学研究は、実験室を出て日常場面での人間を対象にするよう大きく舵を切った。

　本書は、日常認知研究の20年にわたる歴史をまとめ、どんなことがわかるようになったのか、何ができるのか、どこが難しいのか

について改めて考えようとするものである。日常認知研究は、顔や名前の記憶、「し忘れ」を防ぐ今後の予定の記憶、方向音痴に代表される空間の認知など、われわれが毎日繰り返している認知行動を対象としている。時には実験室を出て、実地での実験や調査を行い、またある時は実験室へ帰って厳密な確認を行い、人間の心の中で起こっていることの詳細なモデル化を図ったりもする。研究の発展の中で、陥りやすい落とし穴の存在も次第に浮かび上がり、それにどうやって対処するのかのノウハウの蓄積も進んでいる。この本を手に取る若い諸君たちはすでに、実験室認知研究と日常認知研究の対立があったことなど、まったくピンとこないかもしれない。現在では2つは密接につながり、基礎と実践のような一体化した世界を作っているのだ。

日常認知研究の発展は、たとえば原発事故や事件の目撃証言など、実際の出来事に心理学が貢献することができる可能性をより広げ、閉じた世界から開いた世界へ心理学を連れ出した。個人差や感情を無視した、機械のような人間観で心理学を取り扱うことが少なくなり、より具体的な、より温かみのある人間研究のチャンスも増えた。ナイサーの登場以来、多くの心理学者が日々続けてきた苦労と汗の道のりを、本書の中から感じ、さらに新しい世界へ進むヒントとしてじっくり味わってもらいたい。N

▶ 日常認知／生態学的妥当性／実験室研究
▶ 私たちの「日々の疑問」により近い心理学の世界を解明する

さらに知識を深めたい人に
□ 『朝倉実践心理学講座（全10巻）』 海保博之監修　朝倉書店　2009年〜
□ 『証言の心理学―記憶を信じる、記憶を疑う』 高木光太郎著　中公新書　2006年　777円

508

デザインド・リアリティ
半径300メートルの文化心理学

有元 典文・岡部 大介　著

北樹出版　2008年　2,310円

加工（デザイン）された「生の現実」の姿を考える

　私たちは現実の世界を生きている。その現実世界は私たちが見たまま、感じたままの「生の」世界である。**もし、その「生の現実」が、私たちがそう見えるようにデザインされたものだとしたら、いったい私たちが見ているのは、生の現実か、それとも加工された現実か。どちらだろう。**

　いきなり難しい問いである。たとえば地球が丸いという事実は私たちには自明の事柄だが、中世の人々は平らな世界に生きていると信じていた。目に見える世界は平らだし、丸かったら裏側にいる人はどうやって生きているか想像もつかなかったからである。いまでこそロケットの存在や引力の発見で地球が丸いことを理解するのは容易だが、中世の人々が理解していた地球の姿もまた、「素朴に感じることができる現実」である。われわれが知っている現実は、社会や文化、あるいはわれわれを取り巻く道具や環境によって、そう理解するように仕向けられた現実である。このようなわれわれの認識や理解を支える、社会・文化と人間とのかかわりを考えるアプローチが、ロシアの心理学者ヴィゴツキーを源流とし、コールやスクリブナー、レイヴなどによって1970年代以降急速に発展した社会文化的アプローチ、あるいは文化心理学と呼ばれるものである。

　本書は、これらの考え方を土台とし、身近な文化によって形成された「認識」がどのような作られ方をしているのか考察している。

彼らが取り扱う対象は、コーヒーショップ、プリクラ、同性愛マンガを愛好する腐女子と呼ばれるサブカルチャーグループ、童貞など。普段心理学の教科書ではあまり見たことのないものばかりである。
コーヒーショップでは、1時間当たり300にのぼるオーダーを間違うことなしにこなす店員が、どうやって膨大なオーダーを記憶するのかを調べる。女子高生がプリクラを撮るのは、自分の姿を残すことではなく、自らの毎日を記録に残し、友達とコミュニケーションをする媒体だからであることを、インタビューから突き止める。コスプレを愛好する女の子たちが、どうやって自分たちのコミュニティを維持し、コスプレ文化を継承していくか、彼女らの美意識やルールから迫っていく。奇抜なようだが、従来の心理学研究が行ってきたような「正当」な実験や面接を随所に取り入れながら、「人間の頭の外」にある社会・文化が人間の現実世界をデザインし、一人一人の「こころ」を作っていく様子は、興味深いだけでなく一つ一つの具体的な現実が持つ広くて深い世界の存在を見せつける。

　90年代以降、心理学の潮流としてようやく定着した社会文化的アプローチ、状況論的アプローチと呼ばれる研究スタイルの入門書として最適。人間が、デザインされた現実の中で生かされていることをまざまざと見せつけられることになろう。N

> ▶ 文化心理学／フィールドワーク／社会文化的アプローチ
> ▶ 私たちのこころは、内側ではなく、外側にあるかもしれない

さらに知識を深めたい人に
□『文化心理学―発達・認知・活動への文化・歴史的アプローチ』
　マイケル・コール著　天野清訳　新曜社　2002年　5,775円
□『心の声―媒介された行為への社会文化的アプローチ』
　ジェームス・V・ワーチ著　田島信元・佐藤公治・茂呂雄二・上村佳世子訳
　福村出版　2004年　3,570円

509

アフォーダンス
新しい認知の理論
岩波科学ライブラリー 12

佐々木 正人　著

岩波書店　1994年　1,260円

いまや心理学にとどまらない概念「アフォーダンス」とは何か?

　心理学の世界には、「**便利な言葉だけど、実体はよくわからない概念**」がある。**代表格となる3つは、スキーマ・リビドー・アフォーダンス**。これらは説明概念といえるもので、人間のさまざまな現象を説明するとき、ひとことで心の内側が説明できて納得できるとても便利な言葉である。たとえば、初めて会う他者を理解するとき、自分に関連する知識に合致する特徴のほうが速く処理されるというセルフ・スキーマという概念があるが、本当にそのスキーマがあるのか、はたして人間の認知処理に存在するとされるおびただしいスキーマが本当に備わっているかについても議論の対象となる。しかしこれらの概念は人間を非常にわかりやすく説明ができるため、常に持ち出されがちである。

　アフォーダンスもしかり。外界の環境に思わず反応するような現象を見つけると、「〜がアフォードしている」と簡単に言えるようになった。知覚心理学の巨人ギブソンによって1979年に提唱されたこの理論、生態学的心理学と呼ばれる新しい概念のもとにできたこの言葉は、心理学のみならず、デザイン、マーケティングなどあらゆる業界で頻繁に使われるようになった。アフォーダンスはいったいどこまで解明され、どこまで適用可能なのだろうか。

　そこで登場するのが本書。日本で最も早い頃からアフォーダンスの概念を紹介し、日本のアフォーダンス研究の理論的支柱である著

者が、その理論的背景をわかりやすく簡単にまとめたものである。佐々木は基本的にギブソン以降の知覚・運動研究を土台に、アフォーダンスが関連する現象を丁寧に追い、どのような条件でアフォーダンスが成立しているのかを説明する。また随所に認知科学、特に人工知能研究のエッセンスがちりばめられ、「ロボットには難しく、人間にはいとも簡単な認知処理」としてのアフォーダンスの特性が示され、その原理として知覚における共鳴と同調というプロセスが、アフォーダンスの現象にかかわっていることを示唆している。

　正直なところ、アフォーダンスの根源はいまだわからないところも多い。それだけではなく、ノーマン ➡ 510・511 らによってより広い範囲に拡張された結果、説明概念としてのアフォーダンスがあまりにも大きくなりすぎて、アフォーダンスの実像はさらにつかみにくくなったかもしれない。**その意味で本書は、まだアフォーダンスの概念が新しい知覚研究の一つとしてとらえられていた頃、理論的な解明に向けてさまざまな努力がなされていたときのものである。**われわれはギブソンから始まったアフォーダンス理論の原点に立ち返ることで、当たり前のように使っているこの概念について、改めてその思想を見直すことになろう。そしてそれが豊かなアフォーダンスの世界を再び考える原点になるはずである。🅝

- ▶ アフォーダンス／生態的心理学／知覚と共鳴・同調
- ▶ なぜ「環境が私にそうすることを求める」よう見えるのかの解明

さらに知識を深めたい人に

- □『レイアウトの法則―アートとアフォーダンス』　佐々木正人著
  春秋社　2003 年　2,415 円
- □『生態学的視覚論―ヒトの知覚世界を探る』　ジェームズ・J・ギブソン著
  古崎敬・古崎愛子・辻敬一郎・村瀬旻共訳
  サイエンス社　1986 年　4,384 円

510

誰のためのデザイン?
認知科学者のデザイン原論

The Psychology of Everyday Things
ドナルド・A・ノーマン　著
野島久雄　訳

新曜社　1990年　3,465円

機械や道具のデザインに心理学から切り込んだ不滅の金字塔

　新しい機種の携帯電話を買うと、使いたい機能の操作が前の機種と違ってイライラする。案内板どおりに歩いてきたはずなのに、いつの間にか迷子になっていた。私たちの生活は、いつも身の回りの機械や道具に翻弄されて先に進めないようなトラブルばかりである。機械オンチだから、きちんと説明書を読まなかったから、そんな言葉がいつも頭をちらつきながら、私たちは言葉にならない無力感を感じてしまう。

　こんな思いに対して、「悪いのはあなたではない、その機械や道具のデザインが悪いのだ」と高らかに宣言し、私たちの心を解放したのがノーマンである。アメリカで1988年に本書が出された後、世界のデザイン観は一変し、ただ美しいだけ、機能が充実しただけのプロダクト・デザインでは済まされなくなった。言い換えれば、技術・美観が主となる製品中心のデザインから、使い手であるユーザー中心のデザインに転換したのである。かくして「使いやすさ」を意味するユーザビリティという単語は一般的になり、設計者、デザイナー、あらゆるモノ作りにかかわる人々の間で、本書はデザインのバイブルの一つとして携えられるようになり、その影響力はいまも絶大である。

　ノーマンは、身の回りにある「使いにくいデザイン」を徹底的にピックアップしながら、当時まだ新鮮な響きを持っていたアフォー

ダンスやメンタルモデルといった、記憶システムや知覚システムの新しい考え方を随所に活用し、デザインのどこに問題があるのか、人間の認知プロセスの何に関連があるのかを追究し続けた。**それまでの古典的なデザイン原理の中に、心理学の知見が鮮やかなまでに斬り込み、世界観を一変させる説明は読んでいても痛快である。**また、デザインの改善というテーマから、認知科学のこれからの可能性を深く見通してみせたことも見逃せない。認知研究を志す学生の中で、この本をきっかけにさまざまな研究に興味を持った者も少なくはなかったのである。

現在では、電化製品、原発などの大型プラント、取扱説明書といったさまざまな分野で、心理学の専門家が必ずと言っていいほど介在している。心理学の知見が活躍できる裾野を広げたという意味でも、ノーマンの功績は多大であるといえるだろう。

この本の執筆時にはUCSD(カリフォルニア大学サンディエゴ校)の教授だったノーマンは、これ以降アップル・コンピュータのフェローとして「使いやすいMac」の理論的牽引者となり、現在でもデザイン心理の神様として君臨している。それから16年後に、これらのデザインに「心」を与えるさらなる刺激的な本を出版しているので ➡511 、あわせて見てほしい。N

▶ 人間中心デザインとその背景となる認知科学
▶ そのプロダクトが使えないのは、人ではなく、デザインが悪い!

さらに知識を深めたい人に
□『人を賢くする道具―ソフト・テクノロジーの心理学』
　ドナルド・A・ノーマン著　佐伯胖監訳
　岡本明・八木大彦・藤田克彦・嶋田敦夫訳　新曜社　1996年　3,780円
□『ヒューマンエラーの心理学―医療・交通・原子力事故はなぜ起こるのか』
　大山正・丸山康則編　麗澤大学出版会　2001年　2,310円

511

エモーショナル・デザイン
微笑を誘うモノたちのために

Emotional Design: Why We Love (or Hate) Everyday Things

ドナルド・A・ノーマン 著
岡本明・安村通晃・伊賀聡一郎・上野晶子 訳

新曜社　2004年　3,045円

ノーマンが感情を揺さぶるモノ作りの真髄に迫る

『誰のためのデザイン?』 ➡510 を書いたノーマンによる、まったく新しい視点からのデザイン心理の本。これまでのノーマンは、人工物と呼ばれるデザインやプロダクトを「使いやすさ、機能」といった点から鋭く斬り、世界にユーザビリティというモノ作りの基本的考え方を確立した。20年にわたり世界のデザイン心理研究のトップランナーである彼が、ある意味批判的に、これまでの姿勢とは異なる立場を打ち立てた。それが本書である。

ノーマンは本書で、人工物と人間の関係を、単に道具や機械を使うという関係から、道具や機械に対して「人間的なつきあい」をする関係へと拡張した。従来の彼は、どんなに美しいデザインでも、それが使用に耐えないものであれば、「デザイナーの暴力」と切り捨てていたくらいである。しかしノーマンは車や電化製品がたとえ故障ばかりでも、その美しいデザインやユーザーによる長い使用の歴史によって、「使えなくても、大好きなモノ」として愛され続けることに着目し、モノが持つ意味、あるいは魅力は多面的であると考えを一部改めることにした。ここから彼は、人工物のデザインは、機能や使いやすさといった行動レベルのデザインだけでなく、美観や欲求のような本能レベルのデザイン、そして人工物に与える意味や人工物との「つきあい」など、人間の内省レベルにかかわるデザインの3水準があると結論づけた。本能レベルのデザインは、デザ

インの中で最も古くから知られる「アート」の部分、行動レベルのデザインは、ノーマンがかつて確立したユーザビリティの部分、そして最後の内省的デザインこそ、これまでの研究に欠けていた新たな視点である。

内省的デザインは、人間の経験による感情を中心として作り上げられたデザインである。比較的最近人気のあったクレジットカードのCMに「2人で作る思い出、プライスレス」のようなものがあったが、まさにこの喜びが内省的デザインによって生み出されたものである。**デザインされたモノが持つメッセージやブランド価値、モノに対する関与によって生まれる物語、思い出、結びつき。これらさまざまな内省とそれに伴う感情経験が、われわれの人工物に対する評価を支えているのである。**

私たちの身の回りにある魅力的な人工物は、ある意味ではそれ自体が娯楽としての価値を持つものであり、また別の意味では、長年つきあってきた友人やパートナーのように、擬人的に接する存在価値を持つ。そして持ち主である人間は、その人工物を大事なところへしまったり、自分で新たに装飾を施したりして、さらに自分流のカスタマイズをする。ノーマンは言う、「人は誰もがデザイナー」。モノについても、自らの人生についても、われわれは常に未来をデザインし続ける存在なのだ。N

▶ **感情のデザイン／本能・行動・内省／情動を持つ機械**
▶ **ヒトは、モノとの交流の中で、生活を感情豊かにデザインする**

さらに知識を深めたい人に
- 『モノの意味―大切な物の心理学』
  ミハイ・チクセントミハイ、ユージン・ロックバーグ゠ハルトン著
  市川孝一・川浦康至訳　誠信書房　2009年　4,830円
- 『感性の科学―心理と技術の融合』　都甲潔・坂口光一編著
  朝倉書店　2006年　4,725円

環境心理学
人間と環境の調和のために
ライブラリ 実践のための心理学 5

梅本 堯夫・大山 正　監修
羽生 和紀　著

サイエンス社　2008年　1,785円

古くて新しい「私たちを取り巻く世界」の心理学

　生活環境・職場環境・社会環境など、私たちを取り巻く環境と人間のかかわりについての興味は、古くから変わらぬテーマである。環境にかかわる人間の心理学研究の歴史は、1939年のホーソン研究まで遡るというから、1950年代に始まった認知心理学よりもずっと昔からある研究領域である。アメリカのウェスタン・エレクトリック社ホーソン工場で行われた調査は、工場の照明や休憩時間、勤務形態など数多くの要因が労働生産に与える影響を克明に調べた一大研究である。そして研究の結果は、職場の物理的環境が与える影響より、職場の人間関係のほうがずっと生産性に影響を与えることを明らかにした。**ここから社会心理学の応用分野として産業心理学が確立され、環境心理学自体の進歩は一歩も二歩も後退するという皮肉な結果を生んだのである。**

　しかし近年になって状況は一変する。認知心理学の台頭や、研究方法の革新によって、人間の内側も外側もさまざまな角度から解明できるようになった。それにつれ、やはり人間の外側にある環境が人間に与える有形無形の影響も改めて注目されるようになったのである。本書で扱われている環境心理学は、60年代以降、その40年間あまりの研究の蓄積を中心に紹介されている。特に本書は、人間を取り巻く物理的環境や物質的手がかりに対する振る舞いについて詳しく説明されている。

環境心理学の土台となっている研究領域は、認知心理学・社会心理学・人格心理学など広い。そしてさらに解析手法や調査方法など、研究の方法についても多岐にわたっている。著者は環境心理学研究をリードする海外の動向にも詳しく（残念ながら、日本ではまだ必ずしも華やか、とは言いにくい）、古典的な研究から最新の知見までバランスよく書かれている。**空間の中での人間関係、身の回りの環境をどう知覚するか、学校や職場での環境デザイン。そして犯罪と環境のかかわりなど、日常的かつ具体的な世界と人間との相互作用を詳細に取り扱っている**。また環境心理学の特徴として、単に人間の心理に関する基礎研究だけではなく、実際にこれらの知見に基づいて、われわれを取り巻く環境をどのようにデザインしていくかという実践的なアイディアについても盛り込まれている。

　日本ではまだまだ建築や都市設計のような「工学的観点」と関係することだけが多い環境心理学の研究である。しかし医療・教育などさまざまな「空間」における、デザインされた世界と人間との関係を考えれば、その射程と可能性はまだまだ計り知れない。私たちの皮膚の外側にあるものは、常に私たちの内側に何かを投げかける「環境」であり、その環境の豊かさはあまりにも大きいのだから。

Ⓝ

- ▶ 環境心理学とは何か／さまざまな環境の影響／空間・場所の意味
- ▶ 環境と人間のかかわりを明らかにする、一番わかりやすい教科書

さらに知識を深めたい人に
- □『環境心理学―原理と実践（上・下）』
　ロバート・ギフォード著　羽生和紀・槙究・村松和雄監訳
　北大路書房　2005・2007 年　5,040・5,880 円
- □『ホーソン実験の研究―人間尊重的経営の源流を探る』
　大橋昭一・竹林浩志著　同文舘出版　2008 年　3,990 円

脳は絵を
どのように理解するか
絵画の認知科学

Cognition and the Visual Arts
ロバート・L・ソルソ　著
鈴木 光太郎・小林 哲生　共訳

新曜社　1997年　3,675円

名画は偉大な教科書だ！　絵画からわかる視覚認知の世界

　私たちが目で見る世界は、網膜というキャンバス、あるいはスクリーンに映し出された映像を見るようなものである。また、私たちが見る世界は、絵画という方法で描かれ、長い間残されてきた。**言い換えれば絵画は、私たちの視覚のパラレル・ワールドである。ならば絵画を知れば、私たちの視覚による認知が解き明かせるのではないか？**　著者であるソルソは絵画を題材に、人間の認知系を解き明かすという逆転の発想で本書に取り組んでいる。

　絵画と視覚の関係は、われわれが考えるより意外に複雑である。先にもふれたように、人間の視覚は網膜という膜に投影された刺激に対して、網膜に存在する視細胞が反応することから始まる。網膜というからには2次元の平面であり、視細胞が受け取る刺激もまた2次元的な情報である。人間の目には絵画のような2次元空間（タブロー）の世界が映っているにすぎない。しかしわれわれはそこに奥行きという3次元の世界を感じ取ることができる。これは視覚に取り込まれる奥行きに関する手がかりから、人間の脳が手がかりの情報処理をすることによって生まれる。この手がかり、ほとんどは「絵画的手がかり」と呼ばれる片目でも知覚可能な情報によってできている。そしてこの絵画的手がかりは、人類の絵画の歴史の中で編み出されてきた「遠近法」の技法である。20世紀に心理学で盛んに研究された人間の奥行知覚のメカニズムは、絵画ではすでに古

代ギリシアの頃から始まり、ルネサンス期には確立してしまった「知恵」なのである。ソルソは古代から近代までの絵画を巧みに用いて、これらの世界を丁寧に説明する。具体的な事例を背景とするそのわかりやすさは、知覚の教科書では決してまねできない。

複雑なのは遠近法だけではない。ある色の隣に明るい色を置くか暗い色を置くかで、その色の明暗が大きく異なる対比と呼ばれる現象。あるいは抽象画の色の配置の中に、タイトルに書かれた意味を見いだすこと。すべては人間の脳の性質を巧みに利用したものである。現代になって心理学研究が発展し、脳科学によって実際の脳の働きと密接にかかわることが解明されるようになった。ソルソは脳科学や情報科学の知識もふんだんに利用して、絵画理解のプロセスを次々に解き明かす。

古くはゲーテやデカルトが取り組んだ絵画理論。ここまで来るのに数百年がかかった。しかしわれわれ研究者は、先人の画家が経験的に知っていたことを、ようやく後追いで解明したにすぎない。経験に学び、そこから理論を生み出すことの難しさと面白さ。この本を読む私たちは、本書の至るところに図版として掲載されている古今の名画に囲まれながら、知らず知らずのうちにそれを知ることになる。N

> ▶ 絵画理解と認知プロセス／作家らが取り組んだ「知覚の心理」
> ▶ 視覚の仕組みを絵画から学び、芸術の長く深い歴史の足跡を知る

📖 さらに知識を深めたい人に ──────
- □『美と造形の心理学』　仲谷洋平・藤本浩一編著
　　北大路書房　1993 年　3,059 円
- □『芸術心理学の新しいかたち』　子安増生編著　誠信書房　2005 年　3,780 円

音は心の中で音楽になる
音楽心理学への招待

谷口 高士　編著

北大路書房　2000年　2,940円

耳から脳へ、そして心へ。音楽と人間の心のかかわりに迫る

　人間の五感。目や耳、舌などさまざまな感覚があるが、心理学の研究の中で圧倒的に多いものは視覚である。これに対して聴覚に関する心理学研究はぐっと少ない。人間の感覚情報処理が圧倒的に視覚優位であるといわれていることもあるが、研究に当たって、物理学的・生理学的な解明が最も進んでいるということもあるだろう。感覚・知覚レベルの研究ですらそうなのだから、「音楽」の心理学研究となるとさらにぐっと少なくなってしまう。しかし地下鉄の中で多くの人がヘッドホンステレオを聴き、二次会となればカラオケに足を運ぶほど、音楽は日常の世界に浸透している。**美術館で涙する人は少ないが、コンサートでは涙を流す人、狂喜乱舞する人、その気になればたくさん見つけることができる。音楽の心理学が成立しないはずはない。**

　本書は、そういう音楽に関係する心理学研究を紹介し、音楽を聴いて感じる人間の特徴を解明しようというものである。残念ながら音楽がなぜ人に涙を流させ、狂喜させるかという話はちょっと難しすぎる。それでも多くの研究者によってさまざまな現象の不思議が解明されていく。同じ楽器で鳴らす音でも、柔らかい音と鋭い音、くすんだ音と輝きのある音ははっきりその違いがわかる。その違いはどこから来ているのか？　明るい曲と悲しい曲。聴く音楽の違いで、気分や行動が違ってくるのか？　間違わずに演奏したプロとア

マチュア、聴けば違いがわかるのだろうか？　曲を繰り返し聞くと、次第に飽きてくるものもあるし、次第に良い曲に聞こえてくるものもある。どこに違いがあるのだろうか？　どれもすぐには理由が想像できないものばかりである。

　音楽心理学の研究者たちは、あらゆる手段と知見を駆使してこれを解明する。たとえば視覚研究で発見された群化の法則、社会心理学の研究から明らかになった単純接触効果など。これまでの心理学で見いだされた多くの知識が応用され、音楽を理解し表現する人間のあちこちに息づいていることを改めて確かめることができる。さらに、これらの活動の基礎となる人間の脳の働きや、研究を応用した音楽療法の可能性なども盛り込まれ、音楽心理学の全体像が形作られていく。

　多くの研究からわかってくることは、一つ一つの「音」がまとまりを形成して「音楽」になるプロセス。そして音楽になったときに初めて生まれる意味や感情。複雑な世界なのに、音楽を聴いた瞬間それらを感じ取る人間の奥深さなど、それ自体が音楽のように魅力的である。その面白さに魅了されて、後に続く研究者がたくさん生まれてほしい。一人一人の研究は、やがてまとまり、美しいハーモニーとして奏でられるだろう。N

▶ 音楽知覚／人間の感情と音楽／音楽による「癒し」
▶ 「音」が「音楽」になる人間の心の中の面白さを学ぶ

さらに知識を深めたい人に
- 『絶対音感』　最相葉月著　新潮文庫　2006年　620円
- 『音楽の認知心理学』　リタ・アイエロ著　大串健吾監訳
　誠信書房　1998年　4,725円
- 『音の世界の心理学』　重野純著　ナカニシヤ出版　2003年　2,730円

言語を生みだす本能（上・下）

NHK ブックス

The Language Instinct: How the Mind Creates Language
スティーブン・ピンカー 著
椋田 直子 訳

NHK 出版　1995 年　各 1,344 円

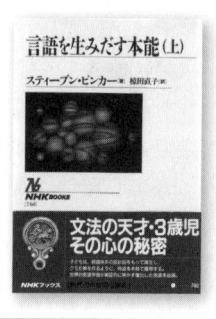

われわれはどのように言語を習得するのか？

　言語は人間が持つ最も重要なシステムの一つである。具体的な事物の名前のみでなく、抽象的な概念を表現し伝えることができ、現在だけでなく過去の出来事や未来の予定、そして実際には存在しない架空の出来事まで自由自在に表現することができるこのシステムはそれ自体、驚異的なものなのだが、さらに驚異的な現象がある。**それは、この複雑なシステムをわれわれは、誰でも特段の努力をしなくても、しかも非常に幼い時期に、習得できるということである。日本語が母語である人の中に、それを覚えるのに文法書や単語帳を使った人はいないのである。**

　では、われわれに備わっている言語習得メカニズムは、どのようなものなのであろうか。これについては 2 つの大きく対立する考え方がある。一つは、学習説というべきものであり、われわれが持っている通常の学習メカニズム、たとえば条件づけによって言語も学習されるというものである。これに対して、もう一つの考え方は、われわれは一種の本能としてこの言語習得メカニズムを持って生まれてきており、これは母語の情報にふれると自動的に言語体系を脳の中に構築していくというものである。

　この後者の考え方、いわば言語メカニズムの生得説といえるような考え方をとっている研究者の一人が、本書の著者ピンカーである。そして本書はこの説についての非常にわかりやすい、そして説得力

のある入門書となっている。

ただ、よくあるトピックだけを面白おかしく紹介した本と異なって、本書は非常に正攻法な論じ方をする。

たとえば、これらの議論のもとになるチョムスキーの言語理論や言語の形式が思考様式を規定するというサピア＝ウォーフ仮説、音韻論や比較言語学の問題などのエッセンスを紹介しながら、生得説を説得的に導入していくのである。このあたりは口語的な文章展開と相まって、知的好奇心を刺激するような名講義を受けているような気分になる。

特に、言語生得説をピンカーの専門である進化心理学的観点から論じている部分はよくできており、下巻でのクライマックスになっている。

ピンカーの著作はその親しみやすい語り口と最先端の研究の手際よい紹介のおかげで、常にベストセラーとなっている。本書を読み終わった後には、知覚から情動まで心理学全般の話題を扱った『心の仕組み』や意味論や認知言語学の入門書になっている『思考する言語』（ともにNHKブックス）などを読み進めていってもらいたい。

- ▶ 言語本能説／言語獲得メカニズム
- ▶ 言語を生み出すメカニズムは生得的に脳の中に備わっている

さらに知識を深めたい人に

- □『心の仕組み―人間関係にどう関わるか（上・中・下）』
  スティーブン・ピンカー著　椋田直子／山下篤子訳
  NHK出版　2003年　1,218・1,218・914円
- □『思考する言語―「ことばの意味」から人間性に迫る（上・中・下）』
  スティーブン・ピンカー著　幾島幸子・桜内篤子訳
  NHK出版　2009年　1,218・1,218・1,124円
- □『言語とこころ―心理言語学の世界を探検する』　重野純編
  新曜社　2010年　2,940円

516

言語と思考
心理学エレメンタルズ

Language and Thought
ニック・ランド　著
若林茂則・細井友規子　訳

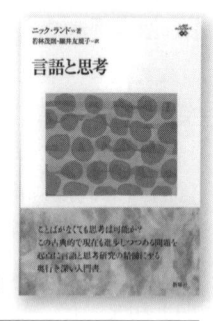

新曜社　2006年　1,890円

人間だけが持つ能力に潜む奥深い世界を垣間見る

　あらゆる生き物の中で、人類だけが獲得している能力といえば、高度に発達した言語を持つことと、概念を自由に駆使して思考することである。特に多数の意味をつなぎ合わせて複雑かつ論理的な世界を構築することは、人間が高度な文明と文化を築き上げるのに重要な役割を果たしている。言うなれば人間は「意味」で作られた動物であり、これらは言語と思考の産物である。また、人間が考えるとき、頭の中の作業でさえ言葉を使わずに何か考えるということは非常に困難である。**思考は言語の積み重ねを必要とする活動であり、言語と思考は「概念」を操作するという人間の中で最も知的な活動を支えているのである。**

　本書は、人間の高次精神活動の中でも最も高度な活動といえる言語と思考についてわかりやすく解説した入門書である。言語についてはその使用（語用論）や文法（統語論）にかかわる心理学研究、そして人間が産まれたのちどうやって言葉を身につけるかという言語獲得の研究を中心に解説がされている。思考については、推論、問題解決といった代表的な思考過程研究のほか、近年研究が活発になっている意思決定研究についてかなりの分量が割かれている。

　この本から読み取れる面白さは、思考であれ言語であれ、われわれの実際の振る舞いは、「常識」として知られている標準的な方法やプロセスとは異なり、条件や状況によって大きく変化することで

ある。ちょっとした言葉の違いが人間の思考に大きな影響を与え、まったく異なるイメージや判断を導くこともある。また、ちょっとした知識や目標の違いで、同じような問題でも、解けたり解けなかったりする。言語や思考は、私たちの「理解」の働きの違いで、まったく違うものになることである。

　さて、心理学研究の中では言語や思考の研究は必ずしも多くない。同じ認知研究の中でも記憶や感覚・知覚などは世界中に多くの研究者がいて、しのぎを削るように膨大な研究が行われている。その理由には、言語は心理学と別に言語学という領域があり、研究の多くはそちらに譲るところがあるし、思考についても哲学や情報科学、数学など多くの領域で研究されているという事情があったりする。**一見すると少々マイナーなように見える言語・思考の世界であるが、実は心理学で初めてノーベル賞を獲得した研究も、思考に関する研究である**。2002年にノーベル経済学賞をとったカーネマンは、結果が不確実な状況における人間の意思決定や行動について研究を行ったバリバリの心理学者である。複雑なだけに奥深い言語や思考の迷宮に、ちょっとだけ踏み込んでみるのも悪くないのではないだろうか。N

- ▶ 言語の理解／推論と問題解決／意思決定理論
- ▶ 最も人間らしい認知活動「言語」と「思考」を学ぶ

さらに知識を深めたい人に

- □『言語心理学（朝倉心理学講座5）』　海保博之監修　針生悦子編
　朝倉書店　2006年　3,780円
- □『思考と言語（現代の認知心理学3）』　日本認知心理学会監修　楠見孝編
　北大路書房　2010年　3,780円
- □『おもしろ思考のラボラトリー』　森敏昭編著
　21世紀の認知心理学を創る会著　北大路書房　2001年　2,625円
- □『ダニエル・カーネマン心理と経済を語る』　ダニエル・カーネマン著
　友野典男監訳　山内あゆ子訳　楽工社　2011年　1,995円

517
クリティカル進化論（シンカー）
『OL 進化論』で学ぶ思考の技法

道田 泰司・宮元 博章　著
秋月 りす　マンガ

北大路書房　1999 年　1,470 円

批判的思考という技法と理論を、何よりもわかりやすく知る

　1989 年の登場以来、日本の 4 コママンガの中でも安定した人気と評価を誇る秋月りすの『OL 進化論』。OL や会社員、主婦などの目から見たその時々の日本の、鋭くも温かい風刺が有名である。とにかくこのマンガ、人間が陥りそうな「思い込み」や「考え方のクセ」のようなものを見事に茶化す場面がとても多い。それを使って、人間の思考のさまざまなプロセスを説明できるのではないか、そう考えたのが、批判的思考（クリティカル・シンキング）の研究を行う 2 人、道田と宮元である。

　批判的思考は、われわれが陥りやすい考えの偏りを防ぐため、「いやいや、別の考え方もできるのでは」と改めてきちんと考えることや考える姿勢のことをさす。たとえばたまたま朝の占いが当たったりすると、その占いは信用できるような気がするが、実は当たらなかった日は朝のことなど覚えていないだけのこと。占いは、当たったときだけ思い出すので当たるように感じられるのである。このようなタイプのバイアスは、記憶の顕在性の高い情報だけを選択してしまう人間の思考の性質がかかわっている。実際に批判的思考を行うとき、人間が陥りやすい思考の特徴はたくさんある。世の中には批判的思考をより上手にするための解説書やハウツー本も少なくないが、本書はその中でも「極めつけ」と呼べる内容を持っている。

本書は基本的に見開き2ページで1つのトピックを扱っている。各トピックには必ず『OL進化論』の4コマが1つ。いずれも上質のマンガぞろいである。それぞれの4コマの面白さ、実は人間のクリティカルではない考え方がヒントになっている。道田らは、そこで批判的思考のレッスンをする。取り扱われる思考の内容は、共変関係の誤解、後知恵バイアス、不適切なアナロジー、スキーマの歪み等々。それぞれは適切な事例がないとなかなか理解しにくいものも含まれている。また言葉で説明するだけではピンとこないものも少なくない。これが秋月りすの4コマが1つ入るだけで、たちまち最高の事例となり、理解のための助けとなる。**世の中にあるマンガで説明された心理学書のどれよりも、マンガが説明を成功させている。メディアを使った学習の成功例といってもよい。**

　認知心理学では批判的思考として知られるこの技法、臨床心理学、特に認知療法や論理療法では認知の歪みや不適切な信念として取り扱われている。その意味では、本書を読むことによって、これらの思考のバイアスによって生じる心理的な不健康を改善する良い参考書として使うこともできる。一見初心者向けの一般書のようにも見えるが、その内容の射程圏は、広くて深い。

　ちなみに本書には、秋月による書き下ろしのマンガがちょっとだけある。秋月マニアはぜひとも手に入れて、コレクションを完成（コンプリート）すべし！ N

> ▶ 批判的思考／思考のバイアス／よりよい思考の技法
> ▶ クリティカルに物事を考えることは、世界をよりよく知る方法だ

さらに知識を深めたい人に

☐ 『クリティカルシンキング（入門篇・実践篇）』
　ユージン・B・ゼックミスタ、ジェームズ・E・ジョンソン著　宮元博章・道田泰司・谷口高士・菊池聡訳　北大路書房　1996・1997年　各1,995円
☐ 『高校生のための論理思考トレーニング』　横山雅彦著
　ちくま新書　2006年　819円

Tips 6

英語から逃げてはいけない理由

　私を含め、英語が不得意だと言う人は少なくない。文献を読むならできれば日本語で書かれたものを読みたいという気持ちはもちろんよくわかる。ちょっと前までは多くの大学で英書購読などが開講され、嫌でも英語の文献を読まされたものだが、最近は卒論まで心理学の英語文献にふれたことがないどころか、英語文献を引用しない院生までいるという。どうして英語でなければならないのか。それにはもちろん理由がある。

　世界中で多くの研究者が心理学研究を行っている。そして新しい発見や成果のうち、価値の高いもののほとんどは、英語で書かれた雑誌や、英語を共通語とした学会で発表されている。実際に心理学の研究者が実験や調査を行ったとき、学会で発表されるまでの時間が約1年。論文として発表されるときには1〜2年のタイムラグが生まれる。これらをもとにして日本人が研究を始め、雑誌に研究成果が発表されるとしたら、さらに倍のタイムラグとなる。

　これが一般的な知見として本に掲載されるときにはさらに5〜10年。本で得られる知識は最先端からすでに10年以上経過しているのだ。これを日本語に翻訳していたら、いったいどれだけ遅れるかわからない。だから、心理学で仕事をしているとき、心理学研究の最先端が知りたいならば、どうしても英語で書かれたものに頼らざるをえないのだ。

　魚も情報も、鮮度が一番である。もちろん新鮮な情報がいつも良いとは限らない。本のように一定の評価を受けた情報を、きちんとまとめて読むことが重要なこともある。たとえるならば海外の最新の情報がフレッシュな素材なら、本の情報は加工されて保存のきく缶詰のような存在でもある。そんなわけで、先生たちは海外文献にふれることを口を酸っぱくして言うのである。新鮮なものは、栄養があるよ。と。N

第❻章

人間関係の
駆け引きを学ぶ

601

なぜ人は他者が気になるのか？
人間関係の心理

永房 典之　編著

金子書房　2008年　2,415円

人間関係の「なぜ？」と「どうしたらよいのか？」

　心理学を学んでみたい理由に挙げられることの第1位は、相手の心を読めるようになりたい、とか、もっと他者のことを知りたい、ではないかと思われる。**でも、なぜ他者のことを知りたいと思うのかをもう少し突き詰めて考えてみると、むしろ、自分が他者にどう思われているかを知りたいという動機や、もっと相手と良い関係を構築できたらいいなという願望から来ているのだということがわかるだろう。**他者を気にすることは自分を気にすることでもあり、他者と自分の関係を考えるということになる。本書はこのような人間関係の心理学を初学者でもわかりやすく、しかしながら実証的研究に基づいて解説してくれる、にもかかわらず「日常社会の心理マニュアル」でもあるというお買い得な一冊。

　目次を眺めるだけでもわくわくするのではないだろうか。これらの中で興味を持ったところから読み進めればよい。第1章「なぜ人は世間が気になるのか？」、第2章「なぜ人は心にブレーキをかけるのか？」、第3章「なぜ人は罪悪感をもつのか？」、第4章「なぜ人はそのとき気まずくなるのか？」、第5章「なぜ人は嫌われていると感じるのか？」、第6章「なぜ人は嫉妬するのか？」。ここまでは、他者がいることによって私たち自身が感じる社会的感情（自己意識的感情ともいわれる）について。後半は対人関係・対人行動についての章が並び、第7章「なぜ友だちとうまくいかないのか？」、

第8章「なぜその人は相手を傷つけるのか？」、第9章「なぜ人は恋に落ちるのか？」、第10章「なぜ人は痩せたがるのか？」、第11章「なぜ人はネットにはまるのか？」、そして第12章「なぜその人は内定がもらえるのか？」となっている。各章末尾には、関連する内容で見開き2ページの"Topic"が付されていて知識を拡げてくれる。また巻末には、「勉強や研究に役立つ心理尺度」として本書で扱われている各尺度も掲載されているので、自己回答してから該当する章を読んでみるという使い方もできるであろう。こちらも巻末にある引用文献リストを手がかりに、研究論文を読み始めてみようという学部学生への良い導入役も果たしてくれるだろう（引用文献リストにどんな文献［特に学術論文］が載っているかは、本を選ぶときの一つの基準だということをぜひ知っておこう）。

　「マニュアル」と銘打ってあるだけに、「なぜ？」そうなるのかについての仕組みが解説されているのみならず、では「どうしたらよいのか？」その「対処法」も提言されているところがユニークである。一般に心理学書は「なぜ？」系の本と「どうしたら？」系の本が分かれて存在する傾向にあり、編者がまえがきで記されているように、前者は「きちんとした研究があるのはわかるが一般には役立たない」、逆に後者は「一般には役立つかもしれないが研究的にはその根拠が不明でつまらない」と受け取られることが多い。それは心理学がこの両面をどうしても抱えてしまう学問であるという本質から生じるものなのだが。本書はこの点をうまくクリアしている。

〈M〉

▶ 他者と自分の関係／「なぜ？」／「どうしたら？」
▶ 実証的研究に基づく日常社会の心理マニュアル

さらに知識を深めたい人に
□『ひとの目に映る自己―「印象管理」の心理学入門』　菅原健介編著
　金子書房　2003年　1,890円

自己意識的感情の心理学

有光 興記・菊池 章夫　編著

北大路書房　2009年　3,885円

フクザツな、基本感情以上の／以外の「感情」を知る

　『なぜ人は他者が気になるのか?』 ➡601 の前半が気になった人は、次にこちらに進むのがよい。感情の心理学研究や脳神経科学的研究では、基本6感情と呼ばれる、幸福・驚き・恐れ・悲しみ・怒り・嫌悪に関する研究が多く行われてきたが、**近年ではそれらとは異なる、しかし私たちがよく感じるような、もっと複雑で、場合によってはドロドロとする、別のタイプの感情についても扱われるようになってきた。**本書は、それらの研究を行っている研究者が、自己意識的感情の諸側面を丁寧に解説してくれる、まるまる一冊自己意識的感情漬けになれる本である。「自己意識的感情」という書名であるが、1章で述べられているように実はその定義は必ずしも明確ではなく、自己意識が絡む感情、それに他者あるいは社会全般からの注目や評価が加わったもの、他者との比較を通した、自己への意識およびそれに伴う感情などのいくつかの見方があり、研究者間で必ずしも一致していないという。**そういう意味で、教科書的な事実を知識として身につけるというよりも、現在進行形の研究とはこういうものなのかを知る、良い手がかりにもなるだろう。**

　本書は3部構成となっている。第Ⅰ部は「自己意識的感情の問題」として総論的な内容になっている。1章では「自己と感情―その進化論・文化論」として、2章では「自己意識的感情の理論」、3章では「自己意識的感情の病理」と進む。たとえば、『菊と刀』（ベ

ネディクト）による「日本は恥の文化、欧米は罪の文化」という概念は有名ではあるが、2章を読むとそうそう単純なものではない、少なくとも心理学研究の観点からは、ということがわかるだろう。また、3章では恥や罪悪感と精神病理の関係についてのレビューがなされており、臨床心理学的観点からも読みごたえがある（嫉妬や妬みと精神病理の関係についての研究は遅れているとのこと）。第Ⅱ部は「自己意識的感情の側面」で、4章から11章まで、罪悪感・集合罪悪感・対人的負債感・恥・屈辱感・共感的羞恥・妬み・嫉妬・誇り・プライド・共感関連感情群が各論的に扱われている。なじみのなさそうなところを説明しておくと、「集合罪悪感」とは自らの集団所属とその集団の不公正な行為、その行為が与えた外集団との関係から生じる感情のこと、「対人的負債感」とは心理的負債ともいい、援助を受けた者が援助してくれた他者に対して感じる「お返しをしなければならない」という返報への義務感のこと、「共感的羞恥」とは（自分の行為ではなく）人の行為を見て恥ずかしくなる羞恥感情のことである。第Ⅲ部は「自己意識的感情の研究動向」で、12章から15章まで、パーソナリティ心理学・社会心理学・臨床心理学・発達心理学の心理学諸領域それぞれの観点から見た自己意識的感情についての議論が展開されている。

　編著者お二人による「あとがき―解説を兼ねて」4ページほどの"対談"をお読みいただくようにと勧めるのが、最も適切な私のお役目かもしれない。Ⅿ

▶ 基本感情／自己意識的感情
▶ 複雑な自己意識的感情に関する現在進行形の研究成果

さらに知識を深めたい人に
□『感情心理学・入門』　大平英樹編　有斐閣　2010年　1,995円

自分を見つめる自分
自己フォーカスの社会心理学
セレクション社会心理学2

押見 輝男 著

サイエンス社　1992年　1,365円

自分を意識することによって行動は大きく影響される

　自己フォーカスとは、自分自身を意識することである。たとえば、自分の姿を鏡で見たとき、自分の声の録音を聞いたとき、人が自分を見ていることに気づいたとき、われわれは自己フォーカスの状態になる。**自己フォーカスはわれわれの行動を良い方向に変えることもあるし、「あがり」に見られるように悪い方向に変えてしまうこともある。**この状態は人間の行動にとって何か、とても重要な意味を持っているように思われる。

　では、自己フォーカスによって人々の行動はどのように変わってしまうのか、また、なぜそのように変わってしまうのか。そもそも自己フォーカスって何なんだ。

　本書が解明しようとするのはこの謎である。実験社会心理学的な方法論に基づいたさまざまな実験とそれに基づいた科学的推論によって、自己フォーカスの謎が次第に解かれていく過程は圧巻。さらには、自己フォーカスには2つのタイプがあることなど、予想外の事実も発見されていく。そして最終的には、われわれの自己概念（セルフ）の重要性やわれわれの行動の背後にある基本的な法則が浮き彫りになっていく。

　実験を通して人間の社会行動を解明することに興味がある人には大変参考になる一冊である。**O**

604

恋ごころの科学
セレクション社会心理学 12

松井 豊 著

サイエンス社　1993 年　1,260 円

最も重要な人間行動の一つ、恋愛を科学で解明する

　私を含めて、心理学者が「恋愛の心理学を研究しています」などと言うと、だいたい「楽しそうでいいですね」などの答えが返ってくるのだが、この答えは、ちょっと小馬鹿にしたような口調の場合が多い。恋愛の心理学なんて、お遊びみたいなものだと思われているのだ。確かに多くの人は、恋愛研究はたとえば胃がんの研究に比べれば価値のないものだと思うだろう。

　しかし、それは大きな間違いだ。人間の人生の中で恋愛の占める割合はものすごく大きい。たとえば、高校生や大学生同士の会話はその多くが恋愛についてのものだし、驚いたことに高齢者でもこれは同様だという。さらには、恋愛で人は死ぬこともある。恋愛に思い悩んでの自殺もあるし、だいたい、殺人事件のかなり多くの部分が恋愛関係のもつれに端を発している。**だから、恋愛は、人間にとって極めて重要なもの、たぶん胃がんに匹敵するくらい人の生死を左右するようなものなのだ。**

　本書はこの恋愛に関する心理学的な研究の現状をわかりやすく説明している概説書である。内容は興味本位ではなく、実証的な研究に基づいてしっかりと書かれている。では、具体的にはどのようなテーマが扱われているのだろう。章を追って簡単に見てみる。

　まず、第1章は「魅力ある人柄」。ここでは、性格と魅力の関係についての研究を概観する。いってみれば、どういう性格だともて

るのかということだ。誰からも好まれる性格というのがあるのか、それとも相手とのバランス、たとえば性格の類似性が魅力を決めるのか、についての研究が紹介される。

第2章は「美人は得をするか」。「性格も重要だが、もっと重要なのは外見」と最近の学生ははっきりおっしゃるが、実際のところ外見が対人魅力、特に恋愛にとってどの程度重要なのかについて検討される。そもそもこういう問題をどうやって研究すればよいのかについても説明されていて参考になる。

第3章は「美人が得をしない場合」。ここでは、釣り合い仮説の議論が面白い。**自分に自信がない人は、美人やイケメンを狙うというより自分と同じ程度の外見の人を好むという仮説が釣り合い仮説だが、本当にそういうことがありうるのか、それともみんな美人、イケメンを狙うのかについての実験的な検討が紹介されている。**

第4章は「恋する気持ち」。ここでは、恋愛による人間的成長(これはよく道徳の時間なんかで話される少し照れくさい話と似ていますが)や、恋愛と好意の違いなどについての研究が紹介されている。

第5章は「恋のかたち」。この章は恋愛のタイプに関する研究、特にリーのラブスタイル尺度に関する研究が紹介されている。これは個人個人の恋愛のスタイルを分類するという研究だ。たとえば、友情から恋愛に進展するような恋愛や、相手のためにすべてをなげうってもよいと考えるような情熱的な恋愛、お金や地位を得るために相手を利用するような恋愛など、さまざまなタイプが分類されている。また、この本の末尾には著者の松井先生が翻訳し、日本語版を作成したリーの尺度の日本版が載っているので、自分を被験者にして体験的に恋愛タイプを理解することができる。

第6章は「恋のやりとり」。ここでは、恋愛過程におけるノンバーバルコミュニケーションや、身体接触の問題が論じられている。

第7章は「恋の深まり」。この章で紹介されているのは、恋愛はどのように深まっていくかについての理論である。特に詳しく紹介

されている**マースタインのSVR理論は、恋愛進展に関する有力な理論で、恋愛を経験したことのある多くの人にとっては目から鱗の落ちる理論である。**また、恋愛スキルの問題にもふれられているが、これはどうすればもてるのかという技術論である。ちなみに本章で紹介されている岩手大学の堀毛一也先生の研究によれば「リラックスしながら、さりげなく相手に接触し、会話をあやつりながら相手の関心をひきつける」というのが相手の心を引きつけるベスト戦略のようだが、実際にこの技術を身につけるのはちょっと難しそうではある。

　第8章は「恋を失って」。失恋後の行動についての分析である。ここで興味深いのは、失恋後行動の性差の問題だ。**一般には女性と男性では女性のほうが失恋にショックを受けて、長い間思い悩むように考えられているが、実証的な研究では男性のほうが女性よりもずっとしつこく、未練がましいということがわかっている**などの研究が興味深い。これはストーカーの大半が男性だということと関連しているかもしれない。最後の章は、恋愛研究の今後と展望についてまとめられている。もっと研究が必要だということだ。

　このように恋愛のあらゆる側面についての研究が流れに沿ってわかりやすく紹介されている。恋愛途上の皆さんは自分の経験と照らし合わせながら、読んでみると面白いと思う。研究も発展途上なので、本書で紹介されている理論の誤りを読者の皆さん自身が指摘できる可能性も少なくないかもしれない。

▶ 恋愛／好意／対人魅力／外見的魅力／恋愛の進展
▶ 実証的な恋愛研究の知識を体系的に整理

さらに知識を深めたい人に
- 『愛の心理学』 ロバート・スタンバーグ、カリン・ヴァイス編
  和田実・増田匡裕訳　北大路書房　2009年　3,990円
- 『人をひきつける心―対人魅力の社会心理学』 奥田秀宇著
  サイエンス社　1997年　1,365円

605

影響力の武器 [第二版]
なぜ、人は動かされるのか

Influence: Science and Practice
ロバート・B・チャルディーニ　著
社会行動研究会　訳

誠信書房　2007年　2,940円

「なぜあんなものを…」から人間の影響力を解明する

　われわれは他人に影響されて生きている。人に影響を受けること自体は別に悪いことではないが、その影響によって思わぬ損失を招いたり、不幸を招いたりすることがある。

　たとえば、一見信頼できそうなセールスマンのセールストークを聞くうちに高額の商品がとてつもなく魅力的に思えてきて、思わず買ってしまったが、後から冷静に考えてみれば、まったく不要な物であり後悔したとか、宗教になどまったく興味がなかった家族が、ある宗教に入っている友人の影響で、いつの間にか熱心な教徒になっていて財産を全部教団に貢いでしまった、などの出来事である。

　このような人と人との間にある「影響力」の問題を扱ったのがこの本である。この「影響力」を、返報性、コミットメントと一貫性、社会的証明、好意、権威、希少性の6つに分類し、それぞれについての具体的な例、なぜそのような方法が影響力を持ってしまうのかについてのメカニズム、影響力に関係するさまざまな要因とそれを実証する研究が挙げられている。

　人間心理の不思議さを垣間見せてくれる本ではあるが、紹介されているさまざまなテクニックは、営業活動などにもそのまま利用でき、事実、この本は「ビジネス書」としての評価も高い。人からだまされないためにも一読しておくことをお勧めしたい。

Tips 7

自分に優しくするトレーニング

　重い悩みを抱えている人は、概して自分に厳しい人が多い。自分に厳しいと、悩みや失敗に対してかける言葉や基準が厳しくて、最後は自分を責め、自尊心を下げてしまう。自尊心が下がると人は基準を下げるのではなく、逆に後れを取り戻そうとしてますます厳しい基準を自分に課すものである。そして結果として、さらに自分を責めて自尊心を下げることになる。でもこんなに駄目な人間なのに自分に厳しくしなければ、もっと駄目な人間になってしまう！

　この悪循環の罠から抜け出すために、臨床心理学と心理療法の知見から１つの方法と２つの区別を導入しよう。まず方法から。その悩みや失敗が仮に自分の大切な人のものだったら、あなたはその人にどのように声をかけるだろうか？　追い打ちをかけるように厳しい声をかける？　いやいやたぶん、優しい言葉をかけるだろう。ではその優しい言葉を自分自身に対してかけてみてはどうだろうか。

　次に２つの区別。一つは「甘やかすこと」と「優しくすること」の区別である。「厳しいこと」の反対は「甘やかすこと」と「優しくすること」の２つがある。人が責任を果たさなかったのに見過ごしてしまうことは甘やかすこと、失敗に対して結果だけでなく相手の気持ちを汲んで思いやることが優しいということである。優しい言葉はその人を駄目にするだろうか？　自分を甘やかすことは自分を駄目にするかもしれないが、自分に優しくすることは自分を駄目にはしないだろう。もう一つは「甘やかすこと」と「勇気づけること」の区別。甘やかすことは責任を果たさなかったのに見過ごすこと、勇気づけることはできた部分をしっかり認めてあげることである。勇気づけることは次にできることをやる気持ちを引き出す。

　自分自身に対して言う言葉が厳しい人は、ぜひその言葉を優しくて勇気づける言葉に変えてみよう。そうすれば不必要な悪循環に陥らずにすむ。初めは照れくさいかもしれないが、何事も練習である。練習するうちにだんだんとうまくなるものである。🅃

第 6 章　人間関係の駆け引きを学ぶ

606

孤独の科学
人はなぜ寂しくなるのか

Loneliness: Human Nature and the Need for Social Connection

ジョン・T・カシオポ、ウィリアム・パトリック　著
柴田　裕之　訳

河出書房新社　2010年　2,940円

「人生と孤独感と社会的なつながり」についての「科学」

　本書の記述によると、常時、人口のおよそ20％が強い孤立感を覚え、それが人生での不幸せの大きな原因となっているという。そしてどうやら、このような社会的孤立が高血圧や運動不足、肥満、喫煙に匹敵するほどの影響を健康に与えるようである。**しかしながら文字どおり「ひとりでいる」ことではなく、孤独感という主観的な経験がその真の原因であるようだ。**その慢性的な感覚によって次から次へと生理的な変化が起き、老化のプロセスを加速し、ストレスホルモンや免疫機能、心臓血管系にも影響を及ぼし、寿命を縮めることにもなる…というところまで読んで、それでは「UCLA孤独感尺度」に回答してみよう、となる。続いては、（なんと！）脳の断面図が記載されていて、下の説明には「社会的な拒絶に反応して背側前帯状皮質が活性化している」と書かれている。このように第1章「対人関係の中で寂しさを覚える」は始まるのだがここまで読んでどうだろう。相当めまぐるしい展開なのだが、本書が孤独感の「心理学」ではなく孤独の「科学」というタイトルになっている理由がおわかりいただけるであろうか。本書は、遺伝学や免疫学、内分泌学、人類学、社会心理学、人口統計学、社会学、自律神経、脳画像、行動、認知、情動にまで及ぶ、孤独感と社会的なつながりの原因、性質、帰結に関する著者らの研究の総まとめのような本である。なおまだ第1章にとどまっているのだが、孤独感の影響力は

3つの複雑な要因の相互作用から生まれるという。その3つとは、社会的な断絶に対する弱さ、孤立感にまつわる情動を自己調節する能力、他者についての心的表象・予期・推論である（ここはなんだか「心理学」的雰囲気）。

　本書は第1部「孤独な人たち」（第1章から第6章）、第2部「人間という社会的な生き物」（第7章から第11章）、第3部「社会的つながりに意味を見出す」（第12章から第14章）の3部構成。項目名で惹かれるところをピックアップしていくと、第1部では、遺伝と環境、孤独感は注意力を奪う、空気を読む能力、孤独と健康―5つの因果の経路、など、主として個人内で生じる「孤独感」の影響やその個人差が扱われている。第2部では、自己と他者の「つながり」に力点が置かれ、ダンスの踊り手、つながりの化学、アインフューリング（感情移入）、思い込みに基づく意味づけ、など。第3部は（そうは言ってないが）「人生」で、それではどうしたら＝対処法の部。著者らは第13章で、「EASE（ゆっくり事を進めること）」を勧めている。Eは「extend yourself（自分を広げる）」のE、Aは「action plan（行動計画）」のA、Sは「selection（選別）」のS、Eは最善を「expect（期待する）」のE。**あなたが大切な人間関係を維持しようとしているなら、次の3つを肝に銘じること：孤独だと要求ばかりするようになる；孤独だと批判的になる；孤独だと行動が消極的になり引きこもる。**最後に、社会的孤立感で苦しんでいるらしい相手を気遣う際の2つのアドバイス：裏にある現実に目を向けよう；何でもできることをして、寂しい人間に安心感を与えよう。Ⓜ

▶ 孤独感／社会的つながり／人生の科学と対処法
▶ 孤独感と社会的なつながりの原因・性質・帰結

さらに知識を深めたい人に
□『個性のわかる脳科学』　金井良太著　岩波書店　2010年　1,260円

顔は口ほどに嘘をつく

Emotions Revealed: Understanding Faces and Feelings

ポール・エクマン　著
菅靖彦　訳

河出書房新社　2006 年　1,785 円

相手の本音を顔で読む技術、自分の嘘を隠す技術

　誰でも、相手の思っていること、本音は知りたいと思うし、できれば自分の嘘は嘘のまま隠しておきたいものである。まずは冒頭部分にある「顔の表情を読むテスト」でテストしてみよう！（なかなか難しい）　本書の著者であるポール・エクマンは、40 年以上も感情について研究しているこの分野の第一人者であり、とりわけ表情が世界共通で普遍的なものであり、文化によって異ならない、基本となる６情動（幸福、悲しみ、怒り、驚き、恐怖、嫌悪）が存在することを提唱したことで有名である。**そんな先生に教えてもらえるなら、相手の本音を知り、自分の嘘は隠す技術が身につくかもしれない。期待に胸が膨らんでしまう、いや、ニヤついてしまう。しかしどうやら話はそう簡単ではない。ヒトは一万以上もの表情を作ることができるそうだし。**

　本書は９章から構成されている。前半の１章から４章までは、感情の総論とでもいうべき内容であり、文化と感情、人はどのようなとき感情的になるか、どうすれば感情的にならなくてすむか、感情的になるとどんなことが起こるか、の順に書かれている。後半の５章から最後の９章までは各論であり、５章は悲しみと苦悩、６章は怒り、７章は驚きと恐怖、８章は嫌悪と軽蔑、そして９章は楽しい感情である。特に後半の章では、他人の感情を認識することと同時に、自分の感情を認識すること、そしてその表情を読み取ったとき

の対処法についても述べられているのが特徴的。悲しみや怒りを経験したことがない人はいないと思うが、過去のそのような経験を思い出してその感情を感じることが難しいようなら、表情を変化させるエクササイズによってそれを引き出すことができるかもしれない。実際、このように表情筋を動かすことで、身体と脳の両方に生理的変化が起こることが明らかにされている。自分の感情をよく認識することが「顔の動きを作る」ことでより強まるのであれば、それは「自分の嘘を隠す技術」になるかもしれない。顔を作って、顔は口ほどに嘘をつく、ことができるかもしれない。

　表情は顔の「動き」であるから、こうして感情を表示したり隠したりすることができるように思われる。**しかしそのキーポイントは、普段の生活からもわかるように、「微妙なところ」にあるかもしれない。**それらは37ページに記されているのだが、「かすかな表現」「部分的な表現」「微細な表現」の3種類である。たとえ相手のこれらの表現をあなたがキャッチできたとしても、なぜ、そのように表現されたかまではわからない、可能性はいくつもある。弱い感情なのかもしれないし、隠し切れない感情であるかもしれないし、意図的な抑制であるかもしれないし、無意識の抑制であるかもしれない。自分の表情も然り。そうであるならば、表情を認識することは一つの手がかりであることは間違いないが、声の調子やしぐさなども手がかりとして、相手の本音にいっそう近づかねばならない。M

> ▶ 相手の本音を読み、自分の嘘は隠す
> ▶ 表情は感情を理解する最大要素だが、声やしぐさも手がかりに

さらに知識を深めたい人に
□『子どもはなぜ嘘をつくのか』ポール・エクマン著　菅靖彦訳
　河出書房新社　2009年　1,785円

608

その科学が成功を決める

59 Seconds: Think a Little, Change a Lot
リチャード・ワイズマン 著
木村 博江 訳

文藝春秋　2010年　1,700円

幸せになる方法についての実証研究は常識を打ち破る

　心理学は人間の行動について、客観的な実験を行い、そこにある法則を明らかにしていくのが仕事である。心理学は、それなりに長い歴史を持っているので、実はわれわれが疑問に思うような問題の多くはすでに研究されている場合が多い。その中には、常識どおりの当たり前の結果を出したものもある。

　しかし、心理学研究の面白いところは、常識と異なる結果が出てくることが少なくないというところである。この種の研究をわかりやすく紹介している著作で世界的に有名なのが、イギリスのハートフォードシャー大学のリチャード・ワイズマン博士である。

　この本では、われわれがどのようにしたら幸せになるか、あるいは成功するかについての心理学研究を中心にしていろいろな研究を紹介している。もちろん、こういうテーマについてはさまざまな啓発本が出ているが、**啓発本が単なる作者の思い込みや信念を書いているのに対して、ワイズマンの本はきちんとした心理学研究の実証研究に基づいて書かれているのがポイント**だ。

　いくつか、この本の中に取り上げられている具体例を紹介してみよう。まず、「成功を思い描くこと」の効果である。自己啓発本では、自分の成功した場面を想像することは成功のための重要な要素であると書かれていることが多い。では、本当にこれでうまくいくのか。

この問題を研究したのは、ペンシルヴェニア大学のガブリエーレ・エッティンゲンとトマス・ワッデンである。彼らは、減量プログラムに参加する肥満体の女性グループを対象にして調査を行った。彼らはプログラムの一環として、参加者にさまざまな食事の場面を想像するように頼んだ。その結果、人からアイスクリームやケーキを勧められたけど自制してうまく断ることができた、などのプラスのイメージを持つ人と、すぐにおいしい物に飛びついて人の分まで食べてしまった、といったようなマイナスイメージを持つ人がいた。このどちらが最終的にダイエットに成功したか？　啓発本では当然、前者が正解だ。ところが実際には、マイナスイメージを持った人のほうがプラスイメージを持った人よりも平均11.8kgの減量に成功していたのだ。この結果は恋愛でも同様に当てはまった。クラスメートに恋心を抱いている男子学生を被験者にして、そのクラスメートと2人きりになった場面を想像させた実験でも、劇的なハッピーエンドのストーリーを想像した人のほうが、5か月後に相手に恋心を打ち明けておらず、成果は上がっていないことがわかった。**つまり、成功イメージを思い浮かべることは、成功を逆に抑制してしまう可能性があるのだ。**

　ほかには、ほめる教育についての研究が紹介されている。これも啓発本や子どもの教育書には必ず書かれている話だ。「子どもはほめて育てましょう」という話である。では、本当に子どもをほめて育てると効果があるのか。

　これを実験したのは、コロンビア大学のクラウディア・ミューラーとキャロル・デュエックである。彼女らは、さまざまな人種、社会経済状況の10歳から12歳の子どもたちを集めて実験を行った。まず、彼らに、図形パズルのような知能検査の問題を解かせた。そして、その結果について、子どもたちの実際の出来不出来にかかわらず、「80％くらいできた」と言った。そして、半数の群の子どもたちは、「こんなにたくさんのパズルができるのは本当に頭の良い証拠だ」とほめた。残りの半数の子どもたちはほめなかった。その

結果、何が起きたのか。教育書によれば、前者の子どもたちでは知能が伸びていくことが予測される。ところが起きたのは次のようなことであった。①次に課題をやらせるとほめられた子どもはより難しい問題にチャレンジするのではなく、よりやさしい問題を選ぶようになった。つまりほめられると困難に立ち向かうのではなく、困難から逃げる傾向になった。②ほめられた子どもたちは難しいパズルをやった場合、それを楽しめず、家に帰っても積極的にやりたいとは答えなかった。**そして、だめ押し③ほめられた子どもは、その後やさしいパズルの問題で、ほめられなかった子どもよりも成績ははるかに低かった。**

この本にはほかにも、「宝くじが当たると本当に幸福になるか」「就職試験で相手に好感を持ってもらう条件とは」「離婚の危機になったときじっくり話し合うと仲直りできる可能性は上がるか」「ピクニックに行って緑に触れると創造力は向上するか」などの問題が取り上げられている。

心理学を学び研究をしていく場合に、本当に良い研究というのは、先行研究をちょっといじって追試してみるというパターンよりは、このような日々の問題意識からスタートしたものに多い。そのような意味で、卒業論文などを書くときにも発想の助けとしてこの本は非常に役に立つものだ。心理学科の学生、心理学に興味のある皆さんには、ぜひ一度目を通してみることをお勧めしたい。

▶ 成功／幸福／社会行動／実証的研究／自己啓発本の誤り
▶ 成功や幸福をつかむためには自己啓発本より心理学研究を参考に

さらに知識を深めたい人に

- 『Qのしっぽはどっち向き？―3秒で人を見抜く心理学』
  リチャード・ワイズマン著　殿村直子訳　NHK出版　2008年　1,680円
- 『子どもの養育に心理学がいえること―発達と家族環境』
  H・ルドルフ・シャファー著　無藤隆・佐藤恵理子訳
  新曜社　2001年　2,940円

609
広告心理

仁科 貞文・田中 洋・丸岡 吉人　著

電通　2007年　2,100円

広告と心理学の関係についてのビジュアルなテキスト

　この本は広告心理学についてのテキストである。**広告心理学という分野は耳慣れないものだが、簡単にいえば、広告に関連するさまざまな心理学（社会心理学、認知心理学、知覚心理学、感情心理学等）の知識をそれぞれの学問分野から集大成して、体系化したものである。**心理学の学生よりは、第一線で広告の実務に就いている広告マンや営業マンを対象にしている。

　全体は大きく「広告とブランド・コミュニケーション」「広告効果と心理的プロセス」「広告戦略」「広告媒体の心理」「広告表現の心理」「新しいブランド・コミュニケーション」の6章からなる。スリーパー効果のような古典的な現象から、精緻化見込みモデルのような比較的新しい現象まで幅広く解説されている。

　広告の本だけあって、カラー写真やカラーイラストも豊富で、本文のレイアウトや装丁もかなりしゃれている。さらに、具体例が豊富であり、実際にわれわれが日頃目にするようなさまざまな商品を例に取って説明されている。スターバックスもコカ・コーラもマクドナルドのドナルドも登場する。読んで楽しめるテキストブックに仕上がっている。

さらに知識を深めたい人に
□『消費者行動論体系』　田中洋著　中央経済社　2008年　3,045円

610

日本一わかりやすい 価格決定戦略

売りたいのなら、値下げはするな！ 価格設定と消費者心理のマーケティング

上田隆穂　著

明日香出版社　2005年　1,890円

「値段」と購買行動の心理学的プロセスを探る

　「ものを買う」過程にはさまざまな心理学的なプロセスが存在している。ある物が欲しいという動機づけが生じ、商品の広告を見てその品物に対するイメージを形成し、店頭でその商品を見て、これを買った場合の効用は支出に見合うかどうか判断する。時には、買った商品を家に帰ってもう一度見て後悔したりもする…。

　このような複雑な購買行動のうち、本書では価格にまつわる側面に主に取り上げて、その背景にあるメカニズムについて、わかりやすく説明している。**「価格」というと経済学が思い浮かぶが、ここでは価格を人間がどのようにとらえるかという心理学的な観点からの解説が中心である。**著者は心理学者でなく、マーケティングを専門とする経営学者である。読者も心理学を学ぶ学生を対象にしているというよりは実際の経営者や会社員を想定して書かれている。そのため、理論中心の説明でなく身近な具体的なケースをもとに論を進めていて非常にわかりやすいものとなっている。

　たとえば、内的参照価格についての説明。内的参照価格とは、われわれが何かものを買うときに「この商品はこのくらいの値段だな」と感じる値段のことで、値ごろ感ともいう。この内的参照価格の設定は、購買行動にとって非常に大きく影響する。われわれは商品が内的参照価格よりも安いとその商品を積極的に購入しようと思うし、それよりも高いと割高感が生じてその商品を買いたいとは思

わなくなる。これは当たり前のことなのだが、興味深いことに、内的参照価格の上と下では購入に対する動機づけが非対称的になっているのだ。**つまり、内的参照価格より10円高い場合の「買いたくなくなる気持ち」は、10円安い場合の「買いたくなる気持ち」と等しくない。**一般にわれわれは内的参照価格よりも高い価格には非常に敏感で、ちょっとでも高いと買いたくなる気持ちは急激に失せてしまう。

そのため、商品を売る側は、内的参照価格をあまり低下させてはならない。たとえば、たくさん売れるからという理由で、値引き販売を繰り返していると、値引き後の値段がその商品の内的参照価格になってしまう。すると、安売りしているうちはいいのだが、物価が上がり値上げしたり、安売りできなくなったりしてくると、売上が急激に落ちてしまう。

心理学のテキストの説明だとここで終わりなのだが、この本は経営学の本。だから、この現象をマクドナルドの価格設定の失敗などの例を挙げて詳しく説明している。マクドナルドは、1995年にハンバーガーの大幅値下げ攻勢を開始し、それにより売上は大幅に伸びた。しかしその結果、ハンバーガーの内的参照価格は150円ぐらいにまで下がってしまい、その後、ハンバーガーの値上げに伴って顧客が大幅に減少し、経営危機にまで陥ってしまったというのだ。

これ以外にも価格の認知と人間の購買行動を巡るさまざまな現象がケースとともに紹介されており、心理学を営業活動の中で応用しようとする場合にはとても参考になる本に仕上がっている。

▶ 購買行動／価格／内的参照価格／マーケティング／ブランド
▶ 価格の認知によって購買行動は大きく影響を受ける

さらに知識を深めたい人に
□『このブランドに、いくらまで払うのか──「価格の力」と消費者心理』
白井美由里著　日本経済新聞出版社　2006年　1,890円

排斥と受容の行動科学
社会と心が作り出す孤立
セレクション社会心理学 25

浦光博 著

サイエンス社　2009年　1,890円

社会的ネットワークの負の側面を分析する

　われわれは人と人同士支え合って生きている。グループを作って趣味を愉しんだり、地域社会で隣人同士助け合ったりして。このような社会的ネットワークの問題が論じられるとき、普通はそのポジティブな側面、つまり、ネットワークの良い面に焦点が当てられることが多い。しかし、ものには必ず、負の部分がある。本書はこの社会的ネットワークの負の側面に焦点を当て、その性質を明らかにするとともに、よりポジティブな新たなネットワーク社会を実現していくためにはどのようなことが必要なのかについて論じたものである。

　初めに論じられるのは「孤立と排斥」の問題である。**社会的な孤立はその個人にとって抑鬱感や肥満、心臓疾患などのリスクを増大させ、死亡リスク自体を高くする**。興味深いのはこのような疾病のリスク増大のみでなく、事故のリスクも増大させるということである。

　ではなぜ、孤独がこれらのリスクを増大させてしまうのか。われわれは常に他人の目を意識しながら行動し、それによって自己制御を行っている。孤独によって人は、他者からの視点をとって自らを見なくなり、それゆえ、自己制御が失われてしまうのだという。

　また、集団にとってもある成員を孤立させることが大きな問題を生じさせる可能性がある。なぜなら孤立は集団に対する暴力を生じ

させる可能性があるからだ。たとえば、アメリカで多発している銃乱射事件の背景には、集団からのいじめや排斥があったということが示されている。

次に論じられるのは「サポートの正負の側面」である。われわれは困っている人を助けなさいと言われて育ってきており、しばしば人助けをする。誰かからサポートされているという認知は人を強くし、その人の適応力を増大させる。たとえば、痛さの知覚も、ひとりで感じるよりもサポーティブな人と一緒にいる場合のほうが感じにくい。

その一方で、人からサポートされることがかえって人を傷つけたり困惑させたりするということも少なくない。たとえば、人前でスピーチをしなければならないとき、いきなり他人から「人前で話すコツ」を伝授されたとしよう。このサポートをうれしいと感じる人もいるかもしれないし、本当に助かったと思う人もいるかもしれないが、余計なお世話だと思ったり、不快になったりするケースも少なくないだろう。なぜなら、人をサポートするということはサポートをする相手の能力がサポートする人物よりも低いという前提を含んでいるからだ。

サポートされていたいが、サポートされると困惑する。われわれの心理の複雑さ、サポートの正負の側面についての問題がここでは説明される。

さらに「格差」の問題である。社会的な格差がわれわれの生活に大きな影響を与えているということは近年しばしば指摘されるところである。ここでは、収入の絶対的な値が住民の平均寿命を左右しているだけでなく、相対的な収入格差が寿命と関連していることが示される。前者は「金持ちほど良い医療が受けられる」などのモデルで比較的簡単に理解できるが、なぜ、相対的な格差が寿命を左右してしまうのだろうか。

この点について、収入格差が大きいと他人に対する疑心暗鬼を増加させてしまい、その結果、集団内対人関係の質を悪化させてしま

うというモデルで説明している。

　最後に「自ら孤立してしまう人たち」の問題である。**ここでは拒絶することを恐れる気持ちが強く、それゆえに他人の拒絶や排除に過度に敏感になる、「拒絶感受性」の問題について述べられている。**不幸なことにこのような人は、逆に拒絶を呼び寄せてしまう可能性があるのだ。

　このように社会的ネットワークの負の側面といっても本書が扱う内容は非常に幅広い。しかし、われわれの日常生活に非常に密着している現象が多く、日頃われわれが苦しめられている現象について明快に説明してくれる。個人内の人間関係というよりはマクロな人間関係を対象に、社会心理学と社会との接点を現代社会のさまざまな問題と関連づけながら論じられるところはダイナミックである。身近でありながら社会全体の問題に関係するような研究を知りたい、してみたいという人にとっては知的刺激を十分満たしてくれる一冊であることは間違いない。

　なお、本書で取り上げられているテーマはどれも比較的新しいものであり、引用されている研究の多くは 2000 年以降になされたものである。最先端の研究にふれるという意味でもこの本は有益であろう。

- ▶ 社会関係資本／孤立／排斥／格差社会
- ▶ 人間関係のつながりのネガティブな面を明らかに、孤立、排斥、サポートされることによる傷つき、格差社会の心理的影響

さらに知識を深めたい人に

- □『支えあう人と人―ソーシャル・サポートの社会心理学』
　浦光博著　サイエンス社　1992 年　1,155 円
- □『インターネット・コミュニティと日常世界』　池田謙一編著
　小林哲郎・志村誠・呉國怡著　誠信書房　2005 年　2,940 円

孤独なボウリング
米国コミュニティの崩壊と再生

Bowling Alone: The Collapse and Revival of American Community

ロバート・D・パットナム　著
柴内 康文　訳

柏書房　2006年　7,140円

われわれの幸福度を左右する社会関係資本とは何か？

　近年、われわれの生活における社会関係資本の重要性がさまざまなところで指摘されている。**社会関係資本とは人々の持つ相互信頼や社会的ネットワークのことをさしており、これが豊かであることによって、政治的コミットメントの拡大による民主主義の発展、子どもの教育成果の向上、近隣地域の治安の向上、地域経済の発展、地域住民の健康状態の向上、幸福感の増大などのあらゆる側面で好ましい効果が生じるという。**

　パットナムのこの本は、翻訳で700ページ近い大著であり、この社会関係資本についての概念を示すとともに、1970年代以降、テレビなどの発展、郊外化、時間的・金銭的なプレッシャーの増大、共働きの増大などの原因によって、それがどんどん失われていっていることを実証的に示したものである。タイトルの「孤独なボウリング」とは、ボウリング人口は増えているものの、地域リーグなどの相互関係に基づいた行事の参加者は急減していることを示すが、これも社会関係資本の減少の一つの指標である。

　さまざまな統計調査や世論調査を用いて現象を浮き彫りにしていこうという手法は、大変興味深い。社会科学を学ぶ人はぜひ一度目を通しておくべきだろう。

613

進化と人間行動

長谷川寿一・長谷川眞理子　著

東京大学出版会　2000年　2,625円

人間行動の意味は進化的アプローチで見えてくる

　近年、心理学の中で注目を浴びている一つの分野がある。それは進化心理学だ。進化心理学とは、人間行動を進化という枠組みを用いて説明していこうという一連のアプローチをさす。では、人間の心理を進化という枠組みで見るとはどういうことだろうか。それを説明するためには、そもそも、進化とは何かということを復習してみることが必要だ。

　進化とは、いうまでもなく、イギリスの科学者ダーウィンによって唱えられた考えである。われわれの遺伝子はさまざまに変異する。この変異はランダムに起こるが、その結果生じた形質の違いは、環境との相互作用の中でその遺伝子を持つ個体の生存を有利にさせたり、逆に不利にさせたりする。**もし、それが有利になった場合、つまり変異がより適応的な方向に起こった場合には、結果としてその個体の生存や生殖を促進し、その結果としてその遺伝子が後世に残る可能性も高くなる。**適応的な遺伝子がより生き残っていくという考えである。

　進化論は当初は、いきものの形態や生理システム（いわばハードウェア）について論じられることが多かったが、われわれの心のシステム（いわばソフトウェア）も、遺伝的に規定されている部分が大きい（パーソナリティも遺伝的にある程度規定されているが、ここではもっと人間に普遍的な性質を考えてもらうほうがわかりやす

い。たとえば、優しい人と冷たい人では優しい人のほうが好まれるなど）と考えれば、われわれの心的なシステムも進化論に基づいた考えによって説明できるのではないかというのが進化心理学の基本的な考え方である。

　進化心理学的な考えは心理学を大きく発展させる可能性があるといわれている。なぜなら、従来心理学は「人間はどうなっているのか」ということについていろいろな実験をして、その法則を明らかにしてきたが、「なぜ」そうなっているのかについての答えを出すことはなかなかできなかったからだ。**進化心理学が注目されているのは、進化的な説明によって、なぜ、そのようになっていて、ほかのようになっていないのか、について説得的な説明ができる可能性が出てきたからなのだ。**もちろん、そうなっている理由はそれが適応上、有用性を持っているからである。

　さて、本書はこの進化心理学そのものを扱ったものではない。強いていえば、進化という切り口で人間の行動を理解しようとするための導入書、入門書である。進化論の基礎知識から始まり、進化に関してよくされている誤解などを丁寧に解説し、その後、配偶行動などさまざまな人間行動を進化的な見方によって解説していく。このアプローチを初めて体験する人にとっては、この本を読むことはとてもスリリングな体験になるだろう。

　今後の心理学を担う一つの新しい分野である進化心理学を学習するために、まず最初に読むべき本であることは間違いない。

▶ 進化／適応／遺伝子／配偶システム
▶ 進化という観点から見た人間行動の特徴を系統的に紹介する

さらに知識を深めたい人に

- 『進化心理学入門』　ジョン・H・カートライト著
  鈴木光太郎・河野和明訳　新曜社　2005年　1,995円
- 『利己的な遺伝子［増補新装版］』　リチャード・ドーキンス著
  日高敏隆・岸由二・羽田節子・垂水雄二訳　紀伊國屋書店　2006年　2,940円

614

消えるヒッチハイカー[新装版]
都市の想像力のアメリカ
ブルンヴァンの「都市伝説」コレクション1

The Vanishing Hitchhiker: American Urban Legends and Their Meanings

ジャン・ハロルド・ブルンヴァン 著
大月 隆寛・菅谷 裕子・重信 幸彦 訳

新宿書房　1997年　2,625円

アメリカの都市伝説を愉しみながらうわさの変容過程を研究する

　われわれの周りにはさまざまなうわさがあふれている。「A君はB子さんとつきあっている」とか「2012年に地球が滅亡する」「○○を1万個集めると車いすと交換できる」などである。都市伝説はその中の一つであり、日本で最も有名なのは「口裂け女」のうわさであろう。これは次のようなお話である。夜道を歩いているとマスクをした背の高い女性が近づいてきて「私ってきれい？」と問いかける。その人のただならぬ雰囲気に思わず「きれい」と答えてしまうと、この女性はおもむろにマスクを取る。すると、その口は耳まで裂けている。

　このようなうわさについては社会心理学の中でさまざまな分析が行われてきた。最も古典的なのは、オルポートの研究である。彼の研究は『デマの心理学』という本にまとめられている。オルポートがこの本の中で検討したのは、どのような条件でうわさが伝達されるのか、ということとうわさが伝達される過程でどのように変容されるかということである。

　一方、うわさの伝達条件については、あいまいさ×重要性＝うわさの伝達といううわさの公式を見いだしている。

　うわさの変容に関しては、「伝言ゲーム」のような実験で検証している。つまり、何人かの実験協力者を並ばせて、最初の人物に初めのメッセージを伝え、そのメッセージを次の人物に伝えていくこ

とによって、それがどのように変わっていくか調べるのである。この方法によってオルポートは、うわさは伝達に従って「平均化」「強調化」「同化」という現象が生じるという説を提案した。「平均化」とはうわさが次第に短く簡単になっていくことであり、「強調化」はうわさの重要な部分のみが残って強調され、ささいな部分は消失していくということ、そして「同化」はうわさの聞き手の常識やステレオタイプに合う形にうわさが変容することをさす。

この理論は社会心理学のスタンダードな理論であり、テキストには必ず引用される話の一つである。しかし、本当にうわさはこのように変容していくのだろうか。

オルポートの実験の最大の問題点は、この実験が伝言ゲーム形式によって行われていたため、実験参加者が、うわさを次に伝達することが要求されていたという点である。実際のうわさ話においてはこのような要求はない。つまらない、あるいは人に伝える価値がない話だと思えば、あえて話を次に伝える必要はないのである。そのうわさを次の人にぜひ伝えたいと思う場合にのみ、うわさは伝達されていく。これはオルポートの実験状況とは大きく異なっている。

そして、実はこのような現実状況で生じるうわさの変容はオルポートのようにはならない。**話は「平均化」「強調化」されていくのでなく、むしろ長くなっていき、ディテールが付け加わり、そして、何よりも重要なことは「面白く」なっていくのである。**この過程をリアルに体験できるのが、都市伝説の変容過程である。

たとえば、アメリカではよく語られるこんな都市伝説がある。「あるカップルが恋人と一緒に木の下に車を停めて話をしていたが、家に帰ろうと思い、エンジンをかけようとする。ところがエンジンがかからない。そこで、男の子が近くのガソリンスタンドまで行って助けを呼んでくることになる。女の子は車に残っていたが、彼はなかなか帰ってこない、しばらくすると車の天井を何かがこする音がする。女の子は怖くなってうずくまって隠れているが、そのまま気を失ってしまう。翌日、助けが来て車から出ると、殺された彼が

車のそばの木にぶら下がっている」という。

この都市伝説についても、伝わっていくにつれて次第に長くなっていき、ディテールが付け加わり、物語として完成された面白いものになっていった。本書に掲載されたこの話のさまざまなバージョンを見ると、その具体例を知ることができる。

本書は、社会心理学の本ではなく、あくまで都市伝説についての本である。また、その内容も、都市伝説についての学問的な分析や批評ではなく、ある意味冷静にアメリカの各地で収集された都市神話を整理して、記載しただけのものだ。しかし、そこに挙げられた同種の都市伝説のさまざまなバリエーションを見ていくと、この種の話が伝播していく過程でどのように変化していくのかがリアルな資料として体験できる。

このようなうわさ研究の素材としてだけでなく、人間が作っていく一つの文化としての都市伝説を楽しむという点でも興味深い一冊である。皆さんも、この本を読んでうわさ伝達について思いを巡らせるとともに純粋に楽しんでもらいたい。

▶ うわさ／都市伝説
▶ アメリカの都市伝説を収集した作品集、うわさ伝播における内容の変化を体感できる

さらに知識を深めたい人に

- 『うわさが走る―情報伝播の社会心理』
  川上善郎著　サイエンス社　1997年　1,470円
- 『デマの心理学』　ゴードン・W・オルポート、レオ・J・ポストマン著
  南博訳　岩波書店　2008年　3,360円
- 『オルレアンのうわさ［第2版］―女性誘拐のうわさとその神話作用』
  エドガール・モラン著　杉山光信訳　みすず書房　1997年　4,620円

615
グラフィック社会心理学
[第2版]

池上 知子・遠藤 由美　共著

サイエンス社　2009年　2,730円

社会の中の人間行動を科学的に分析する

　社会心理学は社会と人間との関係についての心理学である。社会というと多くの人は中学校や高校で習った「社会」を考えてしまい、政治や経済などの難しい学問に似ていると思ってしまうかもしれない。しかし心理学でいう社会というのは、もっと広い意味である。**2人以上の人間が集まって交互作用すれば、いや、それどころか自分一人でも他人のことを意識して行動すれば、それはもう「社会」なのである。**

　だから、社会心理学の扱う内容は非常に広い。自分の印象を良くするにはどのようにすればよいのか、という問題から、友人・恋人関係の形成と崩壊、人の説得、人助けや攻撃の問題、人とのコミュニケーションや、マスコミによる影響、うわさの伝播、最適なリーダーシップはどのようなものなのか、そしてグループ同士の競争や協調など、すべて守備範囲である。

　本書はこの社会心理学のテキストとしては現在、最高のものの一つである。構成も、2色刷で左側に本文、右側に本文に関連した実験の概要や図表を配置してあり、わかりやすい。コラムでは最先端の研究も紹介されており、中級以上の学生でも十分満足できる。◯

第❻章　人間関係の駆け引きを学ぶ

さらに知識を深めたい人に
□『社会心理学』　池田謙一・唐沢穣・工藤恵理子・村本由紀子著
　有斐閣　2010年　3,360円

Tips 8

「顔が良いと得か？」の心理学

　「人間は顔じゃない、こころだ！」とはよく言われる話である。「よーし、俺はこころで勝負するぞ」そんなことを思っている人も多いだろう。でも、本当に「顔よりもこころ」なんだろうか？　この問題は、社会心理学という分野で研究されてきた。

　最初に研究したのはウォルスターという研究者だ。彼の研究結果は驚くべき、そして悲しむべきものだった。なんと、「この人とデートしたい」と思われるかどうかは性格（こころ）や知能でなく、その人の顔の良さとのみ高く相関していることがわかったのだ。

　ところがその後、もっと恐ろしい事実がわかってきた。なんと「美人やいい男はもてるだけでなく、人生において相当得だ」ということ。たとえば、美人（ハンサム）は顔が良いだけで、性格も良いと判断され、成績が良かった場合には本人が優れた資質を持っていると推測されやすく、成績が悪かった場合には家族や環境になんらかの問題があるからこの子は成績が伸びないのだと好意的に受け止めてもらえるという。[1] そして、最近の研究には、美人のほうが知能が高いというものまである。[2]

　では、顔がいまいちなわれわれの多くはあきらめるしかないのだろうか。いやいや、心理学はこういう人にも救いの手を差し伸べてくれるのである。たとえば、客観的に見て顔が悪くても、地位や能力があると顔自体が美しく見えてくることや、お肌のケアが顔の造作と並んで重要なこと、そして恋愛の初期には顔は重要だけど、恋愛の中期や結婚への意思決定場面になると顔の相対的重要性が低下するなどのことなどがわかってきた。こういう知識をしっかり学び、使いこなすことができれば、顔のハンディを乗り越えて楽しい恋愛生活を送ることができるかもしれない！ ◘

---

[1] Dion, K., Berscheld, E., & Walster, E. (1972) What is beautiful is good. *Journal of Personality and Social Psychology*, 24, 285-290.

[2] Kanazawa, S. & Kovar, J. L. (2004) Why beautiful people are more intelligent. *Intelligence*, 32, 227-243.

第**7**章

現代の心の闇を照らし出す

701

犯罪・非行の心理学
有斐閣ブックス

藤岡淳子　編

有斐閣　2007年　2,520円

非行少年を更生させるためのシステムを学ぶ

　殺人などの重大犯罪をおかした少年をどのように処遇すればよいだろうか。そんな悪い奴はみんな死刑にするか刑務所に入れて出られなくしてしまえばよいといった意見もあるかもしれない。ただ、その少年は確かに重大な犯罪をおかしたかもしれないが、まだ人間的に完成されていない中で、家族関係や友人関係など、さまざまな環境的な要因に影響されて、そのような犯罪をするような状況に追い込まれていった可能性もある。このような場合、一概に少年に厳罰を加えればいいということにはならないだろう。犯罪について償ってもらうのはもちろんだが、彼のためにも、そして社会のためにも彼を更生させ、社会の一員としてもう一度受け入れるほうがよいのではないか。

　日本の少年司法システムがとっているのは、このような考え方である。ただ、もし、彼を更生させようというのなら、収容施設に入れておくだけではなく、少年がなぜ、そのような犯罪をおかしてしまったのかを、少年の性格や、環境、友人関係や家族関係、医学的な問題など、いろいろな点から専門家が分析し、どのようにすればその少年を更生させることができるのかについてのプランを立てて、実行していくことが必要である。**このような仕事に従事している専門家が、法務省の法務技官や法務教官、そして家庭裁判所調査官などの職種であり、このようなプロセスを「矯正」という。**

この本は、矯正という観点から見た犯罪心理学の概説書である。編者の藤岡淳子先生は、この分野で実務の経験を積んだ研究者である。また、執筆メンバーも少年鑑別所、警察、大学等でこの分野を研究する実務家と研究者である。

　まず最初に、犯罪・非行の基礎理論が紹介されている。ここでは、いままで提案された犯罪の原因についてのさまざまな理論が効率よく紹介される。続く、犯罪・非行の要因についての章では、パーソナリティ要因、家族要因、学校・職場要因など各要因ごとに非行に影響する要因が分析されている。第Ⅱ部では、臨床心理学的な観点からより具体的な少年に対する介入の方法が論じられる。いままでの類書が一般的なカウンセリングの基本原則を挙げる程度であったのに対して、本書は非行少年対象のより具体的な介入手法について、エビデンスとともに論じられる点が特徴的である。たとえば、衝動制御ができない少年や発達障害の少年などに対する対応策などである。また、少年院、児童自立支援施設、刑務所などさまざまな段階での矯正教育プログラムについてその現状が示されている。

　非行少年の矯正教育や現在の少年司法に関心のある学生、これらの分野に就職したい学生はぜひ手元に置いておくべき本であろう。

　なお、犯罪心理学はとても人気がある学問なのだが、「そんなものを学んでも、就職先なんてないよ」と言われやすい学問でもある。ところがこれは大きな間違いで、法務省などで働く心理学の専門官は非常に多い。これらの仕事に就くためには国家公務員試験など難関の試験を突破しなければならないが、心理学、犯罪心理学に興味ある学生は、ぜひチャレンジしてほしい。

▶ 少年非行／矯正教育／少年司法システム／非行臨床／非行のアセスメント
▶ 非行や犯罪の矯正教育に関する心理学の最前線

さらに知識を深めたい人に
□『犯罪心理臨床』　生島浩・村松励編　金剛出版　2007年　3,780円

702

服従の心理

Obedience to Authority: An Experimental View
スタンレー・ミルグラム 著
山形 浩生 訳

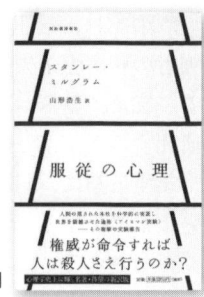

河出書房新社　2008年　3,360円

なぜ、ナチスは非人間的な行為ができたのか〜アイヒマン実験

　ミルグラムが1963年に行った服従に関する心理学実験は、心理学者がいままで行ってきた研究の中で最も有名で最もインパクトのある研究であることは間違いない。

　あなたは、ある日、地元新聞に掲載された心理学の記憶実験の被験者募集の広告を見る、そこには、実験に協力してくれると1時間に4ドル払いますと書いてある。あなたがこれに応募すると、実験室に呼び出される。実験室に来るともう一人の男性が来ている。人の良さそうな小太りの眼鏡をかけた男性だ。実験者は役割を決めるためにくじをすると言う、あなたは1枚のくじを引くとそこには「先生」と書かれている。どうやら、先生役になったようだ。もう一人の男性は「学習者」役である。この実験の目的は、記憶に及ぼす罰の効果だということである。**あなたの課題は、学習者役の人に記憶テストを行い、間違ったら電気ショックを与えるというもの、電撃発生器には、15ボルトから450ボルトまで15ボルト刻みの30個のスイッチが並んでおり、そこには、「軽い電撃」から「危険：過激な電撃」、そして、一番強い電撃には「××××」と説明が書かれている。**

　さて、実験試行に入る。学習者役の人に単語の対のリストをいくつか見せ、記憶させてから、一方の単語を呈示し、対になったものを答えさせるというものである。もし間違えたら、電気ショックを

与えるのだが、1回間違えるたびに与える電撃を少しずつ強くしていく必要がある。実施してみると学習者役の人はどんどん間違え、あなたは次々に強い電気ショックを与えなければいけなくなる。学習者役の人は途中から苦情を言ったり、苦悶の悲鳴や絶叫を上げ始める、そして、330ボルトになると学習者は死んだように動かなくなってしまう。あなたが途中で「やめたほうがよいのでは」などと言うと実験者は冷静にこう答える「続けてください」、さらにもう一度言うと実験者は次にはこう答える「続けてもらわないと本当に困るんです」…。この条件下でいったいどこまであなたはボタンを押し続けるだろうか。これがこの実験の骨子である。

　人間心理の専門家、精神分析家の予想では、大半の人は、学習者が苦しみ始めると電気ショックを与えるのをやめると考えた。30ある電撃レベルのうち、10程度（強い電撃）でやめるだろうと考えたのである。ところが実際には、40人中26人が最後の450ボルトまでスイッチを入れ続けたのである（この実験では学習者役の人はあらかじめ仕組まれたサクラであり、電撃への反応はあらかじめ決められた台詞によって演技されたものであった）。

　この実験は、人は命令されることによって、容易に悪魔になれるということを示したものである。 この実験の背景には、一つには、ナチスドイツでのユダヤ人虐殺の問題がある。ナチスの兵士たちは命令されてユダヤ人を殺害したが、この問題について、多くの人々は「なぜ、彼らはそんなことをしてしまったのだ、自分だったらそんな非人間的な行為はしない」と言った。また、当時アメリカで大きな問題であったベトナム戦争においても、アメリカ軍の非人間的な行為について多くの人は同様のコメントを寄せた。しかし、ミルグラムは、実際にこのような状況に置かれれば自分の行動を制御することは難しいということをこの実験によって劇的に示したのである（この実験はアイヒマン実験とも通称される。アイヒマンは第二次大戦時のゲシュタポのユダヤ課長、彼は裁判中「私はただ上官の命令に従っただけだ」と一貫して主張し続けた。ただ、一般の人々

は彼の行為を彼の人格に帰属した）。

　この本は、ミルグラムの実験についてのかなり詳細な報告書である。上記のような内容なら社会心理学のテキストにも載っていることが多いが、実際に彼がどのような手順で、何を考えて実験を構成し、実行したのかについて詳しく書かれている。ミルグラムはこの研究を実に1,000人近くの被験者を使用して行っており、実験条件も18にもわたっている。たとえば、第4実験では先生役が学習者役の手を電気ショックが与えられるプレートに押さえつけるという条件で実験が行われ、第10実験では大学構内でなく、工業都市の普通のオフィスビルで実験をしている。しかし、結果的にはあらゆる状況でこのような服従効果が生じることが示されてしまった。

ここまでだと人間の醜い側面があらわになったという点で不快かもしれないが、実際には断固とした態度で途中で電気ショックを与えることをやめた何人かの人がおり、彼らの発言は胸を打つ。

　なお、この実験は倫理面で問題にされることが多い。実際現在ではこの実験をすることは不可能であろう。しかし、ミルグラムはこの実験の倫理面について、実験中も実験後も倫理的に十分に配慮し、それについての議論を行っている。これも心理学の研究を行っていくうえでは大変参考になる。

▶ 服従／命令／アイヒマン実験／人間はなぜ残酷な行為ができるのか
▶ 人間の心理の弱点を示したミルグラムの画期的研究、ナチズムやベトナム戦争の残虐性の心理学的な基礎を明らかにする

さらに知識を深めたい人に
- □『心理学を変えた40の研究―心理学の"常識"はこうして生まれた』
  ロジャー・R・ホック編　梶川達也監訳・翻訳　花村珠美翻訳
  ピアソン・エデュケーション　2007年　3,990円
- □『「信じるこころ」の科学―マインド・コントロールとビリーフ・システムの社会心理学』　西田公昭著　サイエンス社　1998年　1,554円

703

攻撃の心理学

The Social Psychology of Aggression
バーバラ・クラーエ 著
秦 一士・湯川 進太郎　編訳

北大路書房　2004年　3,990円

人はいつ、どのようなメカニズムで攻撃するのか

　最近、攻撃に関する話題が世間を騒がせることが多い。凶悪犯罪の増加や、学校でキレる少年少女、役所の窓口で大声を張り上げるクレーマー高齢者、暴力テレビ番組を見すぎて「現実と空想の区別」ができなくなった犯罪少年など。**しかし、暴力は最近の問題なのではなく、実はわれわれの歴史とともに生じた問題であり、いつの時代も議論され続けてきた問題なのである。**そのため、暴力の心理学も学問としていままで多くの研究を蓄積してきた。

　クラーエによるこの『攻撃の心理学』は、攻撃や暴力の問題について、心理学がいままで行ってきた研究とその現代の水準、そして将来の展望までわかりやすくまとめた本である。

　構成としては、まず第1章で攻撃について定義した後、第2章では攻撃についていままで提案されてきたモデルを概観する。第3章では、攻撃しやすい人・しにくい人を分ける個人差の研究、第4章ではアルコールや気温の影響について検証する。続いて、メディア暴力の影響の問題、いじめの問題、DV、性的攻撃の問題が各論的に取り扱われ、最後に攻撃を制御し減少させる方略について説明される。攻撃や暴力の問題に興味を持っている人は、必読の文献である。

ストーカーの心理
治療と問題の解決に向けて

Stalkers and their Victims
ポール・E・ミューレン、ミシェル・パテ、
ローズマリー・パーセル　共著
詫摩 武俊　監訳　安岡 真　訳

サイエンス社　2003年　2,730円

ストーカーとは何か、誰がなぜそんなことをするのか、どうやって防げばよいのか？

　ストーカーとは、悪質なつきまとい行為のことである。

　実はストーカーは、最近まであまり犯罪とは見なされていなかった。たとえば、好意を持った人をつけ回しても、それは何の刑罰にも触れるものではなかった。毎朝、家の前に立っていても、ずっとついてきても、プレゼントを家のポストに入れ続けても、それは犯罪を構成しないのである。**むしろ、恋愛においては「押して押して押しまくれ！」などの困難（や相手の拒否）をものともせずに突進するような態度が賞賛された時代もあったほどである。**だから、こういうストーカーにつけ回され、警察に行っても「もてているんだから、いいじゃない。それが青春だよ」などと言って追い返されてしまい、何もしてくれないことが多かったのだ。

　一方で、嫌がらせ系のストーカーもいる。こういう犯人も実は警察は取り締まってくれなかった。彼らがする犯罪は確かに刑法などに触れることは多いのだが、大した罪にはならないのである。たとえば、ピンポンダッシュ、いたずら電話、ポストの手紙を盗む、家に石を投げるなどの事件は、凶悪事件を多く抱える警察からすればささいな出来事であり、それほど真剣に対応されることがなかったのだ。

　しかしながら、（実際に被害に遭ったことがある人はわかると思うが）こういう被害に遭うと、それがたとえ、相手の恋愛感情に基

づいているものであっても、被害者は、精神的にも肉体的にも大変な苦しみを負ってしまう。このような事態をどうにかしなくてはならないということは本当に被害に遭ってみて初めてわかることであった。

このような状況が大きく変わったのは、アメリカで被害者がストーカーに殺されるという事件がいくつか起きてからである。特に有名な事件としては、1989年にアメリカの女優レベッカ・シェイファーが、3年間にわたって彼女をストーキングしていた熱狂的なファンのロバート・バルドによって殺害された事件がある。この事件などをきっかけにして、アメリカではストーカー対策の法律が整備され始め、警察もストーカー対策に乗り出した。

ただし、日本では対策が遅れた。日本で行政がストーカー対策に本格的に乗り出したのは、「桶川女子大生ストーカー殺人事件」がきっかけである。この事件では、埼玉県桶川市の女子大生がストーカーの男とその兄が雇った男によって殺害された。彼女は監視、追跡、脅迫、中傷などの被害を受けていたが、相談を受けた警察がこの事件を放置したばかりでなく、被害者の人格を攻撃するなどして自分たちの失態を隠そうとしていたという事件であった。この事件をきっかけにして、国内でもストーカー対策の必要性が大きく取り上げられて、ストーカー規制法（正式名称「ストーカー行為等の規制等に関する法律」）が作られたのだ。

では、ストーカーはいったいなぜ、そこまでしつこく被害者を追い回すのであろうか。また、ストーカーにはどういうタイプがいるのだろうか、ストーカーはほっておけば大丈夫なのか、それとも危険なのか。ストーカーにつきまとわれたらいったいどうすればよいのか、ストーカーを治療するためにはどうすればよいのか。そんな疑問がわいてくる。

このような問題のほとんどすべてについて、研究の現状と今後の展開をまとめた良書が、精神科医のミューレンらによるこの本『ストーカーの心理』である。ミューレンは裁判所の嘱託医で、たくさ

んのストーカーやその被害者に直接インタビューした経験をもとにしてこの本を書いたという。アメリカではこの本はストーカーについての本の中で比較的初期に出されたものであり、その後も多くの本が出されているが、**現在でもこの本を超えるものは出版されていない。**

　この本は、初めにストーカーの定義やそれが犯罪化された流れ、どの程度の人がストーキングの被害に遭っているのかについて概観する。その後、ストーカーを5つのタイプに分類して、それぞれのタイプのストーカーの行動と動機について分析していく。このストーカーの分類に関する部分がこの本の最も重要なところである。

　5つのタイプとは、①ふられたり、別れたりした相手につきまとって嫌がらせをする拒絶型、②自分の日頃たまったストレスを、人に嫌がらせをして、その人が苦しむのを見ることによって解消しようとする憎悪型、③レイプなどの性犯罪を行うために目をつけた相手につきまとって相手をスパイし、犯行の機会をうかがう略奪型、④精神疾患がもとになり、相手も自分を好きなんだといった妄想的な思考を生じてしまい、それに基づいて相手につきまとう、親しくなりたいタイプ（親密追求型）、⑤相手の気持ちを理解する能力に欠けるために自分勝手な求愛行動を繰り返す、相手にされない求婚者（無資格型）である。

　本書では、これらの各タイプについて、具体的な事例も交えながら、いったいなぜ、彼らがストーキングするのか、どのような行動パターンをとるのかについて説明されている。

　興味深いのは、この5つのタイプの中で最も危険なストーカーはどれかという議論である。実は拒絶型である。殺人事件まで発展してしまうストーカーはこのタイプがほとんどである。しかし、一方で、このタイプは従来警察などが比較的軽視しがちだった類型である。なぜなら、このタイプのストーカーは、被害者の元恋人なり、夫婦なりなのだが、かつてこのような関係にあったならば、話し合えばなんとかなると思ってしまいがちだからである。

このようなストーカーの危険性推定に関する研究は、現在のストーカー研究の最もホットなテーマである。ストーカー被害に遭った被害者やその相談を受けた警察官などにとって、このストーキング行為はほっておくとやむのか、それとも悪化して最終的には殺人や傷害事件に至ってしまうのかを予測するのは極めて重要な問題だからである。現在、この問題について日本語で紹介されているのはこの本をはじめ数冊しかないのが現状である。

　原著は、心理学・精神医学の専門書であるが、心理学プロパーのみでなく、ストーカー問題の実務に従事している警察官や行政の専門家、精神科医やスクールカウンセラー、大学の学生相談室のスタッフや教員にとっても本書は大変参考になるものである。

　内容は専門書にもかかわらず、具体例を含めて丁寧に書かれており、難なく読みこなせる。そして何よりも訳がこなれていて大変読みやすい。この種の本を全訳するのは出版社もそれなりのリスクがあると思うが、日本のストーカー対策にとってもこの本が出版されたことは大きな進歩になると思う。この問題に関心のある人はぜひ一読してほしい。〇

> ▶ ストーカー／拒絶型／憎悪型／略奪型／親しくなりたいタイプ／相手にされない求婚者
> ▶ ストーカーには5つのタイプがある。拒絶型ストーカーが最も危険

さらに知識を深めたい人に
- □『サイコパス―冷淡な脳』 ジェームズ・ブレア、デレク・ミッチェル、カリナ・ブレア著　福井裕輝訳　星和書店　2009年　2,940円
- □『犯罪被害者の心の傷[増補新版]』　小西聖子著　白水社　2006年　1,890円

非行の原因 [新装版]
家庭・学校・社会のつながりを求めて

Causes of Delinquency
トラヴィス・ハーシ 著
森田 洋司・清水 新二 監訳

文化書房博文社　2010年　2,940円

非行がなぜ生じるのかではなく、なぜ生じないかを論じる

　なぜ、人は非行少年になってしまうのか。これは、少年問題に携わる多くの人々が常に頭を悩ませている問題だ。しかし、そもそもこの問題はどのようにすれば解明できるのであろうか。臨床心理学者はこう考えてきた。非行少年一人一人と面接し話を聞き、心理的なアセスメントを行うことで、原因が明らかになると。おそらく、一般の人々の考えもそうであろう。

　確かにこのような研究方法は多くの情報をもたらしてくれる。しかしながら、この方法には大きな問題点も存在している。それは非行少年でない少年たちのデータが無視されがちになってしまうということである。たとえば、非行少年の多くが『クローズ』（高橋ヒロシ作）のようなマンガを読み、それに影響を受けたと言っていても、このマンガが非行の原因になっていると結論づけることはできない。非行少年でない少年たちも多くがこのマンガを読んでいるからである。

　マンガに限らず、両親の離婚や不和、家庭の問題、虐待や貧困など、実際には非行少年と同じような境遇にあっても非行に走らない多くの少年たちがいる。このような少年も考慮に入れなければ、真の原因は見えてこないのである。

　そこで、非行の原因を正しく理解していくためには、臨床心理学的な方法に加え、非行少年だけでなく一般の少年も含めた大規模で

統制のとれた実証的な調査研究が不可欠になってくる。

　ハーシたちのこの著書は、1964年にサンフランシスコで行われた非行の原因についての大規模な調査とその分析について書かれた本であり、この種の調査の中では、最も有名で重要なものの一つである。対象は、サンフランシスコの11の公立中学校と高校に在籍する4,077名。彼らに行ったことがある非行やその回数、そして家庭環境や学校、友人関係などについて質問して分析している。

　ハーシは、この質問紙調査の対象者を、非行行為を1回も行ったことのない者、1回行ったことのある者、2回以上行ったことのある者に分け、それぞれ他の要因とクロス集計することによって、非行に影響する諸要因を抽出していった。

　たとえば、学校の成績と非行の回数の関係。学校の成績がトップクラスの生徒は、「非行をしたことがない」が67％、「1件したことがある」が20％、「2件以上したことがある」が13％だったのに対して、平均より下の生徒は「非行をしたことがない」が36％、「1件したことがある」が29％、「2件以上したことがある」が35％であり、これは成績と非行の間に関連があることを示している。

　このような方法でさまざまな要因とのクロス集計を行って、非行に影響しているものを探り出そうとしたのである。

　そして、ハーシはこのような分析の結果から、最終的には「絆（ボンド）理論」という非行の原因理論を作り上げた。これは、われわれが非行を行うのは、個人と社会とを結ぶ絆が弱まるからだという理論である。

　この理論の興味深いところは、従来の非行理論が人はどのような条件が備われば非行を起こすのかという観点で現象を見ていたのに対して、人はどのような条件のときに非行を起こさないのか、ということを説明しようとしたところにある。**つまり、われわれは本来非行を起こしてしまう存在なのだが、「絆」が存在することによって非行が抑制されている、というのだ。**

　ハーシはこの「絆」として、4種類のものを挙げている。一つは、

学校や友人、家族などに対する「愛着」である。2つ目は、サークル活動や恋愛などの合法的な行動に従事すること「インボルブメント（巻き込み）」である。合法的な活動で忙しいと非行をしている時間がないというのである。3つ目は、将来のための勉強などへの投資「コミットメント」である。非行をして捕まってしまうといままで一生懸命してきた勉強が無駄になってしまうので、こういう投資をしている人は非行をしにくいというのである。**裏返していえば、失うものがないほうが非行をしやすいということである**。最後は、社会のルールや警察などの治安維持機関に対する尊敬の念「規範意識」である。社会ルールを大切に思えば非行なんてしないということである。

　この本は、非行の原因について実証的に研究した研究の古典であり、非行問題に関心のある人、卒論等で社会調査を行う学生は目を通してみると参考になるだろう。ただ、本書で使用されているクロス集計という方法は現代ではあまり使用されず、共分散構造分析などのより高度な手法が使用されることが多い。この種の最新の研究にふれたい人は、小林寿一編著『少年非行の行動科学』を参照してみるとよいだろう。

　そもそもは専門書なので、若干読みにくい部分はあるが最後に訳者によるコンパクトでわかりやすい解説がある。初めにここに目を通してから本文をじっくり読むのが正しい読み方かもしれない。◉

▶ 社会的コントロール理論／愛着／コミットメント／インボルブメント／規範意識

▶ 非行を引き起こす原因を探すのでなく、非行を引き起こさない原因を実証的に明らかにしていく

さらに知識を深めたい人に
□『少年非行の行動科学—学際的アプローチと実践への応用』　小林寿一編著
北大路書房　2008 年　2,625 円

706

犯罪捜査の心理学
プロファイリングで犯人に迫る
DOJIN 選書 17

越智 啓太 著

化学同人　2008年　1,470円

犯人を検挙するための心理学

　20年前、私が心理学科の学生だった頃、犯罪心理学といえば、非行少年の矯正に関する臨床心理学的研究とほぼ同義だった。確かに非行少年を更生させることは重要であるが、私が「犯罪心理学」という言葉に求めていたのは、そういうものではなかった。

「なぜ、人は人を殺すのか」「泥棒はどんな家に入りやすいのか」「どうやったら犯人を捕まえられるのか」などの問題が本当は知りたかったのだ。

　しかし、当時はこのような問題についての研究自体、実はそれほど多くはなかったし、もちろん、日本語で読める本など存在しなかった。それから、20年たち、ついに自分自身でそのような本を書いてしまった。これがこの『犯罪捜査の心理学』である。

　この20年間、犯罪心理学、特に犯罪者の行動に関する研究は非常に発展した。また、犯人を捕まえるために心理学の知識を使用する研究もたくさんなされた。そこで、この本では現段階でのこれらの研究の到達点を示してみた。扱っているテーマは、FBI方式のプロファイリングによる犯人の属性の推定、地理的プロファイリングによる犯人の居住地の推定、次の犯行地点の推定、ストーカーの危険性推定など。プロファイリング研究の最先端である。

707
対人関係のダークサイド

加藤司・谷口弘一　編著

北大路書房　2008年　1,890円

暗闇、暗黒…。ダークサイドに光を当てる

　なんだかおどろおどろしい装丁。「はじめに」で書かれている説明をそのまま引用しよう。「本書は、人間関係に潜むさまざまな暗闇に焦点をあて、そのような暗黒が生じるメカニズムなどを説明した専門書です」。こうして明るくすっきりとした宣言でスタート。

　良好な対人関係を保つことはとても大事なことだが、しかし私がいて、そして相手がいる以上、そこに生じる関係がいついかなるときも良好であるとは限らない。よくわからなくて相手との関係にやきもきしたり、一方的にやってくる事態に打ちのめされたり、避けがたく衝突することも、もちろんある。本書ではそのような日常生活におけるさまざまな人と人の間に生じる関係の暗闇や暗黒について、日本の心理学者によってわかりやすく紹介されている。**書かれていることは基本的にはダークなのだが、なぜか読み物としてからっとしていて大変面白い。そしておそらく、読み進めると皆さんにも思い当たるフシがいくつも見つかるのではなかろうか。**

　本書は全部で11章からなっている。第1部は疑念。「なぜ、浮気をするのか」（なぜ、これが一番初めの章にあるのかはちょっと謎なのだが）、「人をだます」「人をうらやむ」「人のせいにする」…私はよくこれらをしているかもしれない、浮気のところ以外は。第2部は銷沈（しょうちん）。「人とのかかわりから抑うつになる」「人を苦手になる」「恋を失う」…失恋なら、いくつもしたような。第

3部は暴力。「怒りを感じる」「人をおいつめるいじめ」「ドメスティック・バイオレンス」…私は妻からは怒りっぽいと評されている。

他にもきっと対人関係のダークサイドはあるだろうが、私はこれらをなんとなく「ドロドロする」・「滅入る」・「爆発する」ととらえ直して、やっぱりそれが対人関係のゴタゴタの3つの柱かと感じたが、皆さんはどうだろうか。

そして第4部「統合」では対人関係のダークサイドとブライトサイド（ここでやっとブライトサイドが！）。こんなにダークサイドばっかりなら、対人関係を取り結ばないという戦略もありえそうだが、それでは人は生きていけない。精神的にも身体的にも不健康だ。この、最後の11章では、ダークサイド＝対人ストレッサー、それに対処する方法としての対人ストレスコーピング、ブライトサイドとしてのソーシャルサポート、それらをつなぐ個人差の要因としてアタッチメントが紹介され、まさに「統合」が図られている。

さて、本書の「姉妹編」「関連本」として、翻訳書である『親密な関係のダークサイド』も出版されている。著者らが薦めているように、ぜひ併せてそちらも読みたい。ただし、順番はやはりこちらからのほうがよいだろう。『親密な』のほうは文字も中身ももっとぎっしり詰まっているから。なお、書店や図書館で手に取る際には、間違えないように注意しよう（タイトル以外の装丁がほとんど同じなので！）。M

> ▶ 疑念＝ドロドロする／銷沈＝滅入る／暴力＝爆発する
> ▶ ダークサイドとブライトサイドの統合へ

さらに知識を深めたい人に
☐ 『親密な関係のダークサイド』
　ブライアン・H・スピッツバーグ、ウィリアム・R・キューパック編
　谷口弘一・加藤司監訳　北大路書房　2008年　3,570円

708

抑圧された記憶の神話
偽りの性的虐待の記憶をめぐって

The Myth of Repressed Memory: False Memories and Allegations of Sexual Abuse
エリザベス・F・ロフタス、キャサリン・ケッチャム 著
仲 真紀子 訳

誠信書房　2000年　3,990円

まったく体験していない思い出が、心の中で作り出される

　過去の印象に残った記憶を思い出してみよう。家族との旅行や運動会、恋人とのデート、大学に合格したときのことなど…。たぶん、いくつかの記憶は、まるで昨日のことのように鮮明に頭の中によみがえってくるだろう。その時の気持ちや音、匂いさえもよみがえってくることもあるだろう。

　では、これらの記憶は本物だろうか？　そんな疑問を抱く人はそれほど多くないだろう。「本物って！　こんなにリアルに思い出すのだから間違いないだろう！」などと答える人も多いはずだ。

　しかし、記憶についての科学的研究の結果、**このような思い出の中には実際の体験と食い違っている事柄や、時には実際には体験していないことの記憶が、おそらく少なくない数、紛れ込んでいるということがわかってきた。**

　その究極の形態が「偽りの性的虐待の記憶」という現象である。これは、不安障害などの神経症で苦しんでいる人が精神分析的心理療法の過程で、実際にはそのような出来事がなかったにもかかわらず、自分が子どもの頃に両親などから性的な虐待を受けた記憶を「思い出して」しまう現象だ。

　この現象は主にアメリカとイギリスで発生し、何万もの人々がこのような記憶を「思い出して」しまっているという。そして、悲しいことにこれらの記憶をもとに両親を告訴する子どもたちが続出し

ているのである。

　この背景には、精神分析理論がさまざまな疾病の原因を子どもの頃の性的な体験とそれが抑圧されていることに求め、抑圧しているこれらの記憶を「想起する」ことによって、症状が消失するという枠組みをとっていることにある。したがって、**治療者は心理療法の過程で症状を引き起こしている抑圧されている性体験を想起させるように導き、患者もそれに同調しやすくなってしまうからである。**しかし、訴訟社会においてはそれがすぐに「裁判」につながってしまうことにもなる。

　この本は、もともとは事件の目撃者の証言の信頼性の研究で有名であった記憶研究者のエリザベス・ロフタスが、本書の扱うような「偽りの虐待記憶」問題に遭遇し、そしてそれについてさまざまな研究をしてメカニズムを明らかにするとともに、偽りの記憶によって訴えられている両親の側に立って専門家として奮闘する姿をドキュメンタリーとして描いている。もちろん、専門的な記述もしっかりしているので、この本は「専門書としても、ドキュメンタリーとしても」興味深いものになっている。

　本書では、精神分析をはじめとした心理療法やカウンセリングは、どちらかといえば悪者として描かれている。しかし、ここで描かれている精神分析療法はむしろ特殊で「ひどい」もののように筆者には思われる。この点、精神分析療法のしっかりした入門書も並行して読んでみることをお勧めする。

▶ 偽りの記憶／フォールスメモリーシンドローム
▶ 実際には起きていない性的虐待の記憶を想起させたり、人に植え付けたりすることが可能である

さらに知識を深めたい人に

□『メタ認知 基礎と応用』 ジョン・ダンロスキー、ジャネット・メトカルフェ著　湯川良三・金城光・清水寛之訳　北大路書房　2010 年　3,675 円

名誉と暴力
アメリカ南部の文化と心理

Culture of Honor: The Psychology of Violence in the South

リチャード・E・ニスベット、ドヴ・コーエン 著
石井 敬子・結城 雅樹 編訳

北大路書房　2009 年　2,100 円

なぜアメリカ南部では殺人事件が多いのか？

　アメリカ南部は北部よりも殺人事件が多い。いったいなぜ、このような現象が起きるのだろう。これを説明するためにはいろいろな考え方ができる。たとえば、南のほうが気温が高く人々はいらいらしやすいからだ、などという考えもあるだろう。

　この本が主張しているのは、南部の人間は名誉の文化を持っているからだという考えだ。**名誉の文化とは、自分の強さ・タフさについての評判が重要であり、これが脅かされないように自分に対する侮辱には暴力や暴力の脅しをもって対処するような文化である。**

　著者は、まずさまざまな方法でこの南部の文化を明らかにしようと試みる。

　第 2 章では、アメリカの公式犯罪統計を使用して、これを示す。まず、一般に南部の殺人が多いということを示すだけでなく、殺人の特徴に関するデータ分析も行っている。その結果、計画性のある重犯罪は南部とそれ以外ではほとんど違いがないのに、名誉や自衛のための殺人は南部で多いことが示された。

　第 3 章では、世論調査による暴力に対する態度の違いについて検討する。その結果、一般的な暴力に対する態度に関しては南部とそれ以外の人々に違いはないのに、やはり、名誉や自己防衛に関する暴力、具体的には「家族のためには人を殺す権利がある」などの項目に同意する人は南部に多かった。

そして、第4章では実験的研究によって侮辱を受けた後の感情的・生理的・行動的な反応において、南部の人はそれ以外の人よりも喚起されやすいということが示される。これに対して、名誉に関係のない犯罪の記述については、南部の人とそれ以外の人で差は生じなかった。これらの研究はいずれも名誉の文化仮説を裏付けるものである。

　ただ、この本が興味深いのは、第6章の「ではいったいこの特徴がなぜ生み出されたか」についての議論に入ってからだ。彼らはこのような南部文化に類似したものを、ユーラシア、地中海、アフリカなどで発見する。そして、これらに共通したものとして牧畜社会があるということに気づく。牧畜社会は、牛や馬などの資源が極めて盗まれやすく、かつ、余剰生産物が少ないという特徴を持つ。このような社会では、自分は暴力に訴えてでも、自分のものを守るという態度を表明することが極めて重要になってくるというのだ。

この著作の最大の魅力は、知的好奇心を持って、ある問題を追究するということはどのようなことなのかについて、われわれにその道筋を示してくれるところにあると思う。心理学や社会学など学問の境界に必要以上にこだわらず、自由な発想で、大胆に、けれども論証は緻密に行っていくという進め方は、学生のみならず専門の研究者でも大変参考になる。◐

▶ アメリカ南部／名誉の文化／牧畜社会
▶ アメリカ南部の殺人率の高さの原因を突き止める知的な冒険

さらに知識を深めたい人に

□『考える社会学』　小林淳一・木村邦博編著
　ミネルヴァ書房　1991年　2,940円

□『自殺論』　エミール・デュルケーム著　宮島喬訳
　中公文庫　1985年　980円

Tips 9

犯罪心理学ドラマはどこまで本物か？

　最近、アメリカの映画やテレビドラマ、日本のテレビドラマなどでは犯罪心理学ネタを扱ったものがたくさん作られている。たとえば、「クリミナル・マインド」はプロファイリングといわれる技術を使って犯罪現場における犯人の行動を手がかりにして犯人がどのような人物かを推定していくドラマだ。「メンタリスト」は行動や動作から人の心理状態を読み取るプロフェッショナルが犯罪捜査に協力していくドラマ、「ライ・トゥ・ミー」は人の表情、特に一瞬だけ反射的に現れる微表情を読み取ることによって人の本心を読み取るプロフェッショナルが活躍するドラマである。日本でも「BOSS」や「CONTROL」などの同種のドラマが作られている。

　では、こういうドラマで描かれているような心理学を用いた犯罪捜査は実際には行われているのだろうか。

　プロファイリングは犯罪心理学の一つの応用分野であり、海外の警察をはじめもちろん日本の警察においても使用されている。行っているのは警察庁科学警察研究所などの研究機関だ。ただ、ここで行われているプロファイリングは（アメリカのFBIでもそうなのだが）テレビに登場するような華々しいものではない。実際の仕事はデータ収集と分析というかなり地味な作業なのである。

　また、微表情や動作からの心理状態の読み取りであるが、これもじつは作り事でなくちゃんとした心理学研究に基づいている。ただし、現在の研究レベルでは心理学の知識を総動員しても、テレビドラマの主人公たちがしているほど、正確に人の心理状態を読み取ることはできない。

　ちなみに、動作からのこころの読み取りは外れると本当に恥ずかしい。「君はいま、首の後ろをさわったね。それはウソをついている証拠だ」なんて言ったら、相手の首の後ろに蚊がとまっただけだったなんてことだったら、本当に、冗談にすらならないでしょう。

O

第8章

大学で学ぶ&資格をめざす

801

心理学辞典

中島 義明・安藤 清志・子安 増生・坂野 雄二・
繁桝 算男・立花 政夫・箱田 裕司　編集

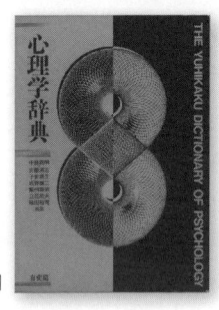

有斐閣　1999 年　7,140 円

刊行後10年あまり、いまなお日本のデファクト・スタンダード

　心理学の研究を始めるとき、その始まりのほとんどは「どうしてみんな周りの空気を読んで行動するの？」とか、「教え方の上手な先生って、何が上手なの？」といったように、極めて素朴で日常的な発想から始まることが多い。しかしそのまま研究を進めようとしても、素朴な疑問をどのように発展させていいかわからないことがほとんどである。なぜなら心理学研究は、「専門用語（テクニカル・ターム）」と呼ばれる言葉を中心にして進められているからである。さっきの疑問は「同調」とか、「教授—学習過程」といった言葉に変換されることによって初めて心理学らしい意味を持ち、そこには膨大な研究の蓄積があるとわかる。それぞれの概念はテクニカル・タームという言葉で表されて初めて「心理学」になるのである。その作業のために必要となるのが、この心理学辞典である。

　1999 年に刊行されたこの辞典は、当時日本の心理学界を牽引する重鎮から中堅の研究者によって執筆された。それまでのスタンダードとされた辞典からは 18 年、日進月歩で進化していた心理学の新しい用語まで可能な限り網羅した。**現在でも日本の心理学用語の事実上の標準（デファクト・スタンダード）として重要な役割を果たしている。**

　実のところ多くの心理学者にとって、辞典の項目を執筆するということは、一生に 1 ～ 2 回あるかないかの「小さな一大事」である。

たった数行の説明ではあるが、その項目を担当するということは、その人が日本におけるその研究の専門家であり、その研究で一目置かれているということである。また、自身が書いた「定義」がそれから後10年以上日本のスタンダードになるということでもある。研究者としては何よりの手ごたえであり、名誉なことである。力が入らないはずはない。本書はそういう「研究者としてのプライドと責任感」を背景として著されていることがよくわかる。

この辞典の特徴は、圧倒的に多い項目数、徹底した関連項目へのリンク、万遍なくバランスのとれた項目選定にある。**合格が難しいとされる大学院の入試問題も、この辞典に掲載されていない用語は出題しないと評され、実際この辞典を隅から隅まで読破するくらい親しんだ学生は、どの大学院もやすやすと合格すると聞く。**それほど信頼度の高い「知識の貯蔵庫」である。もちろんそれぞれの項目は、数行では語り尽くせない豊富な内容、背景となる研究を従えている。そのときには各領域で刊行されているより専門的な「事典」を使うことにしよう。自分の研究でそれぞれの用語を定義するとき、さらに深く正確な意味を示すことができるだろう。

ちなみに、この辞典にはCD-ROM版もあり、より素早く、そして自由かつ柔軟に検索・利用することができる。こちらのほうも利用しない手はない。N

▶ 多項目辞典／日本における標準／研究の初めに読む基本書
▶ 心理学研究者にとっての共通理解は、この一冊から始まる

さらに知識を深めたい人に
□『心理学事典』 藤永保ほか編　平凡社　1981年　12,600円（改訂中）
□『心理学辞典［普及版］』 アンドリュー・M・コールマン著
　藤永保・仲真紀子監修　丸善出版　2005年　6,825円
□『学術用語集　心理学編』 文部科学省・日本心理学会編
　日本学術振興会　1995年　2,223円

802

心理学 [第3版]

鹿取廣人・杉本敏夫・鳥居修晃　編

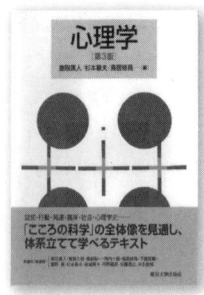

東京大学出版会　2008年　2,520円

心理学の基本的事項を学ぶ

　本書は高木貞二編『心理学』(初版1956年)の続編に当たり、1996年に初版が出版された。その後、2008年の第3版となる間に執筆者が代わったが、大学入学当初に受講する共通教養科目の教科書あるいは参考書、そして一般の読者に対する心理学の入門書という性格を一貫して維持している。

　第3版では全体を「こころのありか」「こころのはたらき」「こころの探求」の3部構成とし、発達、学習・記憶、感覚・知覚、思考・言語、動機づけ・情動、知能・パーソナリティ、社会的行動、さらに心理学史に至るまで、多数の基本的事項を網羅している。基本的事項は青色の太字となっているので、一目でそれが見つかる。

　本文とは別に重要事項が「トピック」として随所に取り上げられている。知能とパーソナリティを解説する「8章　個人差」では、知能テストの妥当性と信頼性、相関係数と因子分析、双生児・近親者の知能比較、検査法の種類、フロイトの性愛説、エリクソンの漸成説と自我同一性（アイデンティティ）、幼児期健忘、「フィニアス・ゲージ」の物語がトピックとなっている。**どれも入門書が取り上げてほしい基本的事項に違いない。因子分析までも取り上げるとは驚きである、と一瞬思ったが、大学院入試や資格試験では因子分析も頻繁に出題されている。**しかも因子分析を数行で説明するというやさしい水準の問題から、因子負荷量、共通性、因子の直交回転

解と斜交回転解など、因子分析について詳しく問われることもある。また、テストの妥当性と信頼性も大学院入試や資格試験で問われることが多いが、これも因子分析の説明と同様で、本書レベルの内容の理解で十分に太刀打ちできる問題と、本書の説明以上に深く問う問題がある。難関校や難関試験の受験対策に本書を利用する読者は、本書で説明が不足していると思われる事項を他の専門書で補いながら本番に備えるとよい。その専門書も各章に参考図書として多数が紹介されている。そればかりか、巻末には300に近い数の引用文献が記載されている。訳書が出ている英書にはそれも記載されている。引用文献欄を見れば訳書を容易に探すことができる。

　ある事柄が成り立つために、必ずなくてはならない条件が必要条件、そして、それがありさえすれば、ある事柄が必ず成り立つ条件が十分条件である。大学院入試や資格試験を考えたとき、合格の十分条件を明確にするのは難しい。しかし、**本書によって、読者自身が合格の必要条件を満たしているかどうかをチェックすることができる。本文は320ページほどであるが、3ページにわたる人名索引（約250名）と、なんと18ページにわたる事項索引（約1,700個）が付いている。**しかも事項索引の事項には英訳も併記されている。こうした索引事項を見て、基本的事項の習得度を確認していくとよいだろう。ただし、本書は心理学の入門書であるから、先に見たように大学院入試や資格試験で出題されてもおかしくない、と私が思う最新のトピックが本書の中ですべて十分に説明されているとは限らない。このことに注意して本書を活用してほしい。H

> ▶ 大学院入試と資格試験の合格をめざすために
> ▶ 読者が合格の必要条件を満たしているかどうかをチェックする

さらに知識を深めたい人に
□ 『新・心理学の基礎知識』　中島義明・繁桝算男・箱田裕司編
　有斐閣　2005年　3,780円

803

ヒルガードの心理学
[第14版]

Atkinson & Hillgard's Introduction to Psychology
エドワード・E・スミス、スーザン・ノーレン＝ホークセマ、バーバラ・L・フレデリックソン、ジェフリ・R・ロフタス　著
内田一成　監訳

おうふう　2010年　18,900円

世界中の心理学徒の「きほんのき」。圧倒的な充実感

　1953年の初版以来、アメリカにおける最もポピュラーな心理学の概論書として知られる"Atkinson & Hillgard's Introduction to Psychology"。正確には『アトキンソンとヒルガードの心理学入門』である。もともとの著者であるヒルガードは痛みなどのコントロールに催眠を使用し、催眠を科学的な立場から理論化するとともに、APA（アメリカ心理学会）の会長も務めた偉大な研究者である。やがて執筆者は記憶研究の大家アトキンソンや自己知覚理論のベムらに引き継がれ、現在では認知・教育研究のジェフリ・ロフタス（目撃者証言のエリザベス・ロフタスではない。関係はあるのだが…）らなど、アメリカ心理学界の重鎮らによって書き継がれ、版を重ねている。

　アメリカで心理学を学ぶ学生にとって「標準的」な入門テキストとされているが、その内容はハンパではない。分厚いテキストに大脳生理から心理学の研究方法まで、日本の大学では心理学の基礎科目全体を占めるかと思われる充実ぶりである。そして改訂のたびに最新の知見が盛り込まれ、いつまでも色あせることがない。最新の知見は心理学の話だけではない。**この本のあるページには、「アメリカ人が理想的だと感じる女性の体型」の例が掲載されているが、1990年代の典型がジュリア・ロバーツだったのに対し、21世紀に入ってからはジェニファー・ロペスになっている。**たとえ図表

の一つであっても、手を抜かずきちんと改訂されているその徹底ぶり。日本ではちょっとまねができない。最近になって日本でも充実した内容の分厚い教科書がいくつか出版されるようになり、ようやく追いつこうかという勢いになってきたが、それでも内容の精選ぶりや図版資料の豊かさ、オールカラーの迫力など、やはりヒルガードにはなかなかかなわないのである。

　内容の充実だけではなく、記述・説明の良さもまた本書の強みである。原書はもともと初学者のために書かれていることもあり、文章は平易で、解説も具体的かつ豊富である。**よく知られているとおり、ヒルガードの原書は心理学系大学院入試のための優れた「英語の教科書」として有名であり、大学院をめざす学生に必携とされているが、その理由は英語自体が非常に平易かつわかりやすいためである。**日本語版となってもその良さは受け継がれており、よく読むと内容がすんなりと理解できることがわかる。

　最後に一つだけお願いをしておきたい。院試の英語の教科書として、原書と翻訳の双方を比べながら読む学生も多いだろう。できることなら「和訳の解答」として使うのではなく、内容をしっかり読んで、盛りだくさんの知識をできる限り自分のものにしてほしい。それほど充実した内容なのである。N

> ▶「アメリカの」標準的概論書／充実の内容／常に新しい知見
> ▶基礎から発展的内容まで、心理学学習の最も重要な教科書

さらに知識を深めたい人に
- □『心理学』　無藤隆・森敏昭・遠藤由美・玉瀬耕治著
　　有斐閣　2004 年　3,885 円
- □『テキスト現代心理学入門—進化と文化のクロスロード』
　　西本武彦・大藪泰・福澤一吉・越川房子編著　川島書店　2009 年　8,190 円

心理学史
現代心理学の生い立ち
コンパクト版新心理学ライブラリ15

梅本堯夫・大山正　監修
大山正　著

サイエンス社　2010年　2,310円

つかみどころのないこころをどうやって研究したのか？

　ある学問を専門的に勉強していくときに必ず学ばなくてはいけないのが、その学問の「学史」である。「生物学史」「物理学史」「社会学史」など、どんな学科でもそういう名前の授業が必ず存在する。しかし、一方でこういう授業は興味を持ちにくいのも事実だ。多くの学生は「いまどうなっているのか」が知りたいわけであって、「過去にどうだったのか」などというのは興味の範囲外だからである。

　しかし、「心理学史」はほかの学問の学史とちょっと違う。そもそも心なんて、あえて研究しなくても、実用上困らないくらいに誰でもほどほどに知っているものであるし、しかも、目に見えず測定だって難しい。**そんなわけのわからないものを学問の対象にして、研究していくのは初めから大変な困難がつきまとったのだ。**この困難に先人たちがどんな考えで立ち向かい、どんなことをやっていったのかを振り返ってみることはそれなりにエキサイティングな体験であるはずだ。この本はコンパクトでかつ図版も多く、この分野の最初に手にする本としてはベストな一冊だ。O

さらに知識を深めたい人に

□『心理学史への招待―現代心理学の背景』　梅本堯夫・大山正編著
　サイエンス社　1994年　2,940円

805

理系人に役立つ科学哲学

森田 邦久 著

化学同人　2010年　2,940円

科学的な研究とはいったいどういうものなのか？

　心理学は人間の心について、科学的に解明していこうとする科学の一つであるが、そもそも解明しようとする対象が目に見えないものであるから、その探究はなかなか困難である。ある心理現象を「説明」したり、「理論」を立てたり、それを「証明」するということがそもそもどのようなことなのかが、わかりにくいのだ。

　そこで心理学を学ぶ者は、科学とは何か、怪しい言説と科学的知識を分けるものはいったい何なのかについて、しっかりと考えていくことが不可欠である。

　この問題を扱った本は、いままで難解な哲学書しかなく、なかなか読みこなせるものではなかった。ところが、近年出版されたこの本は、この問題を具体例やわかりやすい図・イラスト、そして練習問題まで用意して教えてくれる貴重なテキストブックである。

　検証可能性、反証可能性の概念や帰納と演繹、パラダイム論など、科学を学んでいくときに理解しておく必要がある概念が過不足なく説明されており、余計な記述は少ない。「理系人の」となっているが、われわれ「心理学系人」にとっても有用な一冊である。O

📖 **さらに知識を深めたい人に**
- 『疑似科学と科学の哲学』　伊勢田哲治著
　名古屋大学出版会　2002年　2,940円

806

ワードマップ 質的心理学
創造的に活用するコツ

無藤 隆・やまだようこ・南 博文・
麻生 武・サトウタツヤ 編

新曜社　2004年　2,310円

フィールド・観察。膨大な記述の海を泳ぐあなたへ

　1879年、現代心理学の祖とされるヴントがライプツィヒ大に初めて心理学研究の実験室を作ったその時から、心理学は「科学」であることにあらゆる労力を費やしてきた。厳密さが求められる実験や調査。物理学的測定、生理学や生物学的アプローチ。多種多様な統計手法の駆使。個人差や誤差を取り除いたときに見えてくる、「種としての人間」が持つ特徴や特性をいかにしてとらえるか、それが心理学の目標であると徹底して考えてきた。個人によって異なる解釈が生まれるような考察は時として「思弁的」と攻撃され、すべての人にとって不変の物差し（と信じてきた）量的データによる論証が、心理学研究の王道であると姿勢を強く持ち続けてきた。

　一方で、心理学研究は一つ一つの事例や試行を丹念に追いかける作業の積み重ねでもある。**個々の事例はリアリティのある現象である。研究者はその積み重ねの中で、決して普遍に還元できない一つ一つの意味を見いだす**。それらをつなげ、体にしみ込ませるうちに、データの平均値からは見えない大きな意味を改めて知ることもまた事実である。個々の事例は一種の物語であり、研究者は読書家のように舞台、登場人物、ストーリーの展開を味わいながら進む。それぞれのストーリーを読むうちに、それぞれに相通じる普遍的な意味を感じ取ることもまた経験する。

　観察から得られた一つ一つの意味。質的側面を意義ある心理学の

研究として作り上げるため、必要なノウハウを手とり足とり示すのが本書である。質的研究とは何か、現場であるフィールドで何をするのか、観察によって得られた膨大な記述から何を切り取りつないでいくか。そしてこのような活動から組み上げられた世界は、心理学の研究として本当に意味のあるものなのか？ 実験や調査とはまた異なる研究への向かい合い方を示している。

質的研究といっても、その方法は一つではない。観察法、事例研究、エスノメソドロジー、アクション・リサーチなど、それぞれ適用する分野や技法の違ういくつものアプローチがある。本書ではさまざまな立場の質的研究者がそれぞれの姿勢やノウハウを紹介する中で、互いに共通する部分や得意とする方法を体得することができる。その意味で、時に特定の流儀に流されやすい方法論をより幅広く一般的な形で学び、他の流儀から新たなヒントも得られるという、一歩進んだ研究の態度を身につけることもできる。

質的研究が研究のアプローチとして広く受け入れられるようになって、心理学研究はまた一歩柔軟さと自由を勝ち取ることになった。人を見つめるセンスを養うため、心理学を志すすべての人々に一度は読んでもらいたい本である。N

> ▶ 質的研究の方法／フィールド研究／個人中心の視点
> ▶ 人間研究のリアリティに深く鋭く迫る「ウデとセンス」を磨く

📖 さらに知識を深めたい人に

□『ワードマップ　グラウンデッド・セオリー・アプローチ―理論を生みだすまで』
　戈木クレイグヒル滋子著　新曜社　2006 年　1,890 円
□『プロトコル分析入門―発話データから何を読むか』
　海保博之・原田悦子編　新曜社　1993 年　2,625 円

心理学研究法
心を見つめる科学のまなざし
有斐閣アルマ

高野 陽太郎・岡 隆　編

有斐閣　2004 年　2,205 円

実験効果を正しく検出するための研究計画

　ある特別の訓練を 20 名の学生が受けたところ、平均成績が前年度の学生よりも大きかった（＝良かった）という。この訓練は成績の向上に有効であったといえるのであろうか。

　残念ながら、この結果だけからは、訓練が成績の向上に有効であったとは断定することができない。第一に平均成績が前年度の学生よりも大きいといっても、その平均差が標本誤差、つまり、意味のない偶然の誤差であったかもしれない。もし別の 20 名が訓練を受けていたら、前年度よりも平均が小さかったかもしれない。2 つの平均を比較するときは、その差が偶然といえるかどうかを統計的な仮説検定によって検証しておく必要がある。

　それでは、仮説検定によって平均差が認められたときは訓練の効果があったといえるであろうか。そうとは限らない。なぜなら、訓練の参加者がもともと優秀な 20 名であったかもしれないから。

　そのため、このようになんらかの訓練の効果を見たいときは、訓練を施すグループと施さないグループを用意して、グループ間で平均差を統計的に検証する。そして、その差が有意ならば訓練の効果が認められたといえる。実はこの結論も誤りで、訓練を受けたグループに、その訓練に適した参加者が多かっただけかもしれないので、訓練の効果の有無については何ともいえない。それならば、訓練に対する適性の等しい 2 つのグループを用意して一方に訓練を行った

ら、効果の有無を正しく検証できるだろうか。この場合でも、訓練者の個人特性が訓練に影響することがあるかもしれないので、やはり、これだけでは十分な実験・分析計画とはいえない。

このあたりでたとえ話を止めるが、わずか1つの訓練の効果を検討するだけでも、多くの注意が必要なことがわかる。**先例のように、心理学の研究方法を学ばずに無計画な方法でやみくもに実験を行っても、訓練の効果を検出することはできない。研究法の基礎基本を学んでから実験計画を立てるべきである。**本書は実験法と調査法に加え、観察法、検査法、面接法までを説明しているので、幅広く心理学の研究方法について学ぶことができる。

研究法に関する書籍は堅苦しい話が続き、苦痛を伴うことがあるかもしれない。しかし、本書は一貫して具体的な事例を通して研究上のピットフォール（落とし穴）を説明してくれているので、時にはクイズを解いている気分となり、しかもコラムが充実しているので、読者は本書の最後まで楽しく読み進めることができる。輪読会で各章を分担して読んでいくこともできるが、各自が全体を通して読んでみることを勧めたい。それによって研究法の学習が楽しくなると思う。

各章にはコメント付きで参考図書が紹介されているので、読者は本書の次に読むべき書籍の指針を得ることができる。また、基本的な専門用語には索引で英訳が付いているのがうれしい。心理学研究法に関する英書を読むときの参考になる。

心理学の基礎的実験実習を受ける予定の低学年の大学生から、大学院入試をめざす人にまで、本書を薦めたい。H

▶ 剰余変数／研究計画のピットフォール

さらに知識を深めたい人に ──────────
□『心理学研究法入門―調査・実験から実践まで』
　南風原朝和・市川伸一・下山晴彦編　東京大学出版会　2001年　2,940円

心理統計法の基礎
統合的理解のために
有斐閣アルマ

南風原 朝和　著

有斐閣　2002年　2,310円

統計的理論と方法の概念を統合的に理解する

　著者は心理統計学を心理学研究法の一環として学ぶ統計学、つまり、難解な数式展開を単に省いた初等統計学や数理統計学入門ではなく、心理学の研究を行ううえで必要となる統計学であるとする。

　ここで心理統計学のテキストを思い切って2つに分けてみたい。

　一つは心理学を研究するうえで遭遇する架空の事例を素材として、主に計算（統計ソフトウェアの操作）手順と結果の読み取り方を解説しているテキストである。読者は、そうしたテキストの中で自分が必要とする統計解析法を探し出し、問題を解決する。これは料理にたとえることができるかもしれない。食べたいものを決め、料理本の手順どおりに「鶏のモモ肉を8つくらいに切り、塩胡椒をしてから小麦粉をつける。タマネギは縦半分に切ってから5つくらいのくし形切りにし、…、鍋にバターを弱火で溶かし、小麦粉を加えて混ぜながら炒める」と調理していけば、私でもシチューを料理することができる。しかし、シチューを作ることができたとしても、その応用が利かない。食べたいものが料理本に載っていなければ、たぶん私は料理できない。計算事例中心のテキストは、事例さえ見つかれば即座に役立つ優れた書であることに間違いないが、方法の背後に潜む原理を学ぶことは難しい。当然、原理がわからなければ統計概念の理解を深めることも容易ではない。

　もう一つのタイプは、計算事例は少ないかもしれないが、理論や

方法の概念的説明に力点を置くテキストである。こうしたテキストは計算事例が少ないので、それを読んでも自分が直面する課題を即座に解決できるとは限らない。しかし、それはしかたがない。むしろ、そうしたテキストで理論や方法の基礎を学べば、計算手順だけではなく、分析法の原理を理解することができる。たとえば、1標本の比率や、独立な2群と対応のある2群の比率差の検定を学んだ方も多いと思うが、2項分布と中心極限定理をしっかりと押さえておけば、こうした検定法の原理を統合的に理解することができる。シチューを作るとき、塩胡椒やタマネギをくし形切りにすることの意図、モモ肉に小麦粉をまぶす必要性を知れば料理の手順を理解しやすいし、別の料理にも役立てることができる。それと同じである。

さて、本書であるが、前者の「料理本タイプ」ではなく、後者のタイプを代表する心理統計学のテキストである。**本書は記述統計や平均差の検定のような基本的事項から、線形モデル、重回帰分析、実験デザインと分散分析、因子分析と共分散構造分析などの高度な分析法までをカバーしている。**しかも、難しい数式展開を抜きにして、こうした方法を統合的に理解させることに成功している。

また、因果関係、偏回帰係数、斜交因子解など、誤解されることの多い重要事項について詳しく説明している。**ひととおり心理統計学を勉強した人にも本書を強く薦めたい。各章には重要事項がキーワードとしてまとめられているので、それを手がかりとして心理系の資格試験や大学院入試の準備にも本書を利用できる。**本書が出版された後、本書の内容に沿ったワークブックが出版されているので、本書と併せてそれも活用するとよい。**H**

▶ 心理統計学／理論と方法を基礎から統合的に学ぶ

さらに知識を深めたい人に ─────────
□『心理統計学ワークブック―理解の確認と深化のために』
南風原朝和・平井洋子・杉澤武俊著　有斐閣　2009年　2,730円

809

多変量データ解析法
心理・教育・社会系のための入門

足立浩平 著

ナカニシヤ出版　2006年　2,730円

解析技法の原理を数式に頼らず丁寧に伝える書

　著者は最先端の統計数学を駆使して次々と新しい統計解析技法を開発している研究者である。その著者が心理・教育・社会系の講義で利用する「資料」として本書を執筆した。本書は全15章から構成され、授業担当教員が各章を90分の講義で利用できるように工夫されている。そのため、第3章を例外として、他章をすべて10ページに収めてある。

　本書では、第1章で多変量解析の学習に必要な基本統計法を学び、第2章からクラスター分析、主成分分析、重回帰分析、パス解析、確認的因子分析、構造方程式モデリング、探索的因子分析、数量化分析、多次元尺度法、判別分析へと進む。技法名からわかるように、本書は心理・教育・社会系で頻繁に利用される技法を漏れなく取り上げているといってもよい。**特に大学院生が関心を寄せているパス解析、確認的因子分析、構造方程式モデリングの解説に全体の30％を割き、時代の要請に大きく応えている。**

　各章とも導入部分で技法の基本的理念を説明し、その後、身近な分析事例を通して重要な統計的概念を数式に頼りすぎることなく丁寧に述べていく、というスタイルとなっている。付録にはソフトウェア（Excel、Amos、SPSS）の操作方法の概略が説明されているので、ソフトウェアを併用することによって効率的に学習を進めることができる。

著者は数式が苦手な文科系の学部生を念頭に置き、できるだけ数式を使わない、という方針を大切にしたという。こうした方針を立てたのは、数式は情緒的成分を持たないので自然に心に入ってこないからだという。

　私などは、測定対象者である個人を識別するために添字の i を使い、たとえば、単回帰式を

$$y_i = bx_i + c + e_i$$

と表記したくなるが、計算プログラムを作る必要がなければ

$$y = bx + c + e$$

と表記すればよいとも思う。実際、そうしている書籍もある。ところが、これでは式に出てくる記号の役割を読者に伝えることができない。**そこで、著者は変数には仮名と漢字を使い、個人とは関係なく一定の値を取る係数にはアルファベットを当て、**

成績＝ b ×出席率＋ c ＋誤差

と表記した。確かに、これなら数式が自然と心に入る。この数式表現を歓迎する読者は多いはずである。

　著者は本書を講義の「資料」と位置づけるが、難解な統計概念をかみ砕いて説明してくれているので、本書があれば講義を受けずに一人で多変量解析を勉強することができる。また、学生だけではなく、多変量解析の講義を担当している先生も本書から学ぶ点が多いと思う。むしろ、真っ先に本書を読んだのは大学の先生だったかもしれない。H

> ▶データ解析／多変量解析／数式表現を最小限に抑え、原理のエッセンスを伝える

さらに知識を深めたい人に
□『グラフィカル多変量解析［増補版］―AMOS、EQS、CALIS による目で見る共分散構造分析』
狩野裕・三浦麻子共著　現代数学社　2002 年　3,045 円

810

誰も教えてくれなかった因子分析
数式が絶対に出てこない因子分析入門

松尾 太加志・中村 知靖 著

北大路書房　2002年　2,625円

説明研究の専門家が作った、因子分析の「取扱説明書」

　いまや分散分析よりも t 検定よりも、心理学における最もポピュラーな解析手法になりつつある因子分析。人間の心的世界をいくつかの因子に整理・圧縮し、シンプルな形で説明する。もともと知能研究で有名な心理学者スピアマンによって開発され、心理学オリジナルの解析手法として発展したこともあり、その用途はパーソナリティ研究をはじめ、社会心理、認知研究などあらゆる領域で適用可能。心理学研究とは切っても切れない魔法のツールである。

　因子分析は各項目間の相関係数から、類似するパターンを一つの因子としてまとめるという実にシンプルな出発点から始まっているものの、長年の改良によって多くの「数学的な」処理が施されるようになった。固有値、最小二乗法、バリマックス回転。心理学の世界から始まった方法の割には、いつの間にか数学の苦手な心理学専攻の学生にはとっつきにくい言葉と計算が並んでいる。先生や先輩の指示に従って統計解析のソフトを使って結果を出してはみるものの、出力された結果のどこがどういうものか、わかったようでわからない。**秋の中頃から初冬にかけ、日本の多くの大学で卒論が佳境を迎える時期、うつろな眼をして因子分析と向かい合う学生がいかに多いか、大学の先生なら悲しくなるほど知っている。**

　本書の著者である松尾先生、統計のプロではない。取扱説明書や説明文の「わかりやすさ」について長年研究を続けてきた研究者で

ある。**わかりやすさのプロが本当にわかりやすいマニュアルを作ると、このくらいわかりやすくなります。**その証明をしてくれたようなものである。統計解析の本にありがちな数式は一切出ることなく、因子分析とはどういうもので何をすればよいのかという説明が漏らさず盛り込まれている。それだけではなく、具体的な事例を通して、心理学の研究ではどう使われているか。一般的な統計パッケージ（SASやSPSS）ではこういうふうに操作するんですよとか。およそ知りたいところにはきちんと手が届いている万能のマニュアルに仕立て上げられているのである。それに加えて、共分散構造分析を利用した確認的因子分析や、クラスター分析を使った解析など新しい発展課題についても、可能な限りの解説が尽くされている。

　心理学の世界で用いられる統計の教科書は、しばしば「クッキングレシピ統計」と呼ばれる。本質的な内容（数学的知識）がなくても手順だけ覚えることによってどうにかなるよう書かれているからである。本書もある意味では良くできたレシピ本のような存在と変わりはない。**しかしこの本を読むと、その内容の確かさから、あたかも家庭用の料理の本であるにもかかわらず、プロの専門的な料理を超えるような仕上がりに私たちを導いてくれる。**本書は因子分析をするあなたへ、最高の先生となってくれるに違いない。そして願わくば、そのうち因子分析の「数学的な」理論も押さえてほしい。そのときはプロのように、自由に素材（データ）の料理（分析）ができるようになるはずである。🅽

> ▶ 因子分析／統計パッケージを用いた操作マニュアル
> ▶ 因子分析をやりたいすべての人への「最初の一冊」

さらに知識を深めたい人に
- 『心理学マニュアル　質問紙法』　鎌原雅彦・宮下一博・大野木裕明・中澤潤編著　北大路書房　1998年　1,575円
- 『Q&A 心理データ解析』　服部環・海保博之著　福村出版　1996年　2,730円

問題集 自分でできる 学校教育心理学

大野木 裕明・二宮 克美・宮沢 秀次　著

ナカニシヤ出版　2001年　1,470円

専門家が選んだ、教育心理学のミニマル・エッセンシャルズ

　教員採用試験、保育士試験など、毎年多くの受験者が教育心理学関係の問題を解く。どの試験においても共通するが、試験勉強の王道は過去問であり、過去問から出題傾向を知り、要点を押さえることが大事である。ただしそれぞれの試験の過去の出題傾向には、それなりにクセがある。悪問や頻出ではない問題に振り回されることも少なくないし、多くの受験者が解けない問題は合格に寄与する確率が低い。**一番の近道は、みんなが解けてしかるべき良問を取りこぼさないことである。**

　本書がめざしているのは、いつどこで出題されてもおかしくない基本的な問題を確実に押さえる問題集である。実際、それぞれの項目は、教育心理学系列の重要項目であり、時代に左右されにくいキーワードばかりである。受験者はここから始めて、最近のトレンド（流行りすたりのある出題）を押さえるのが、もっともロスの少ない学習法となるだろう。N

▶ 教育心理学の基本項目／基礎を固めることは入試の要点

さらに知識を深めたい人に
- 『教員採用試験　スーパー過去問ゼミ　教育原理・教育心理［年度版］』資格試験研究会編　実務教育出版　1,890円

大学で学ぶ&資格をめざす その他のおすすめ本

● 心理学（New Liberal Arts Selection）

無藤隆・森敏昭・遠藤由美・玉瀬耕治著　有斐閣　2004 年　3,885 円

発売以来、日本で最も内容の充実した概論書として、学生に親しまれるベストセラーの一つ。分厚いページからもわかるとおり、必要な心理学の知識はほぼ余すところなく網羅されている。勉強の初めに手に入れる基本文献としてお勧めの本。

●アイゼンク教授の心理学ハンドブック

マイケル・W・アイゼンク 著　山内光哉日本語版監修
白樫三四郎・利島保・鈴木直人・山本力・岡本祐子・道又爾監訳
ナカニシヤ出版　2008 年　23,100 円

今日考えられるありとあらゆる心理学の知識が網羅されている、「完全版・心理学の教科書」。一人の著者によって書かれたとは信じがたい内容の正確さ、そしてバランスの良さ。単に知識だけでなく、理論や具体的研究にもふれてある。文章も比較的読みやすい。

●改訂新版　心理学論文の書き方
　―卒業論文や修士論文を書くために

松井豊著　河出書房新社　2010 年　1,785 円

卒業論文や修士論文を書くとき、心理学研究として押さえておきたい手順や書き方のポイントを具体的に解説した論文の執筆ガイド。論文がエッセイやメールのような文章にならないために、図表の書き方や全体の体裁を外さないために、座右に置いておきたい。

●「心理系の仕事」を見つける本

松本すみ子著　中経出版　2003 年　1,470 円

臨床心理士に限らず、心理系の職種は決して少なくない。これらの仕事を丁寧に紹介し、採用・資格取得のための方法や勉強のための方針などをきちんと示している。類書に比べても内容が豊富であり、長所・短所もきちんと把握できる内容になっているところが薦められる。

● **臨床心理士試験対策心理学標準テキスト
指定大学院入試対応版［隔年度版］**

徳田英次著　秀和システム　1,995 円

臨床心理士資格試験を受ける人に手に取ってほしい。資格試験の過去問の出題範囲を最小限でカバーしているので、まずは本書がカバーする知識を習得し、その後に自分の弱点の領域をフォローし、また自分の強みとなる好きな領域の専門書を読むことをお勧めする。

● **新・臨床心理士になるために［年度版］**

財団法人日本臨床心理士資格認定協会監修　誠信書房　1,785 円

臨床心理士資格試験を受けるための試験案内である。試験案内、過去問 3 年分の抜粋からなる。申込期限後に発行されるので、受験する人は Web をチェックし、本書を前年分から購入する必要がある。本書を隅々まで読むことが二次の面接試験対策となる。

● **増補改訂 試験にでる心理学　一般心理学編
―心理系公務員試験対策／記述問題のトレーニング**

高橋美保・山口陽弘著　北大路書房　2006 年　3,360 円

● **増補改訂 試験にでる心理学　社会心理学編**

高橋美保著　北大路書房　2009 年　2,940 円

● **試験にでる心理学　臨床心理学編**

山口陽弘・高橋美保著　北大路書房　2004 年　3,150 円

● **試験にでる心理学　心理測定・統計編**

山口陽弘著　高橋美保マンガ　北大路書房　2002 年　3,150 円

心理学の中核部をきちんと押さえた対策本シリーズ。多数の過去問を心理学の学問領域に分類して詳細な解説を加えている。本書によって心理学の基礎教養を得ることができる。大学院入試の準備にも適する。著者らの人生が投影された希有な心理学書。

● 心理学の頻出問題［改訂版］

資格試験研究会編　実務教育出版　2003 年　2,520 円

人事院、最高裁判所、東京都が公表した問題と受験者情報をもとに作成した復元問題と丁寧な解説からなる問題集である。心理系の公務員をめざす人には必携の書であるが、心理学検定を受検する人にも良い問題集である。巻頭には基本書ガイドも掲載されている。

● 心理学検定 公式問題集［年度版］

日本心理学諸学会連合 心理学検定局編　実務教育出版　2,100 円

心理学検定を実施する日本心理学諸学会連合の心理学検定局が編集した公式問題集である。公式問題集というのであるから、本番には同水準の問題が出題されると思ってよいだろう。いうまでもなく、心理学検定合格をめざす人が最初に挑戦すべき問題集である。

● 心理学検定 基本キーワード

日本心理学諸学会連合 心理学検定局編　実務教育出版　2009 年　2,100 円

心理学検定局が編集した心理学用語集である。本書に出てくる用語が検定試験に出題されるであろうが、本書にない用語が出題されてもおかしくない。本書や公式問題集だけではなく、本書内で紹介されているテキストを使って準備をするのがよいだろう。

● 教員採用試験　教職 基本キーワード 1200［年度版］

資格試験研究会編　実務教育出版　1,470 円

350 字ほどの解説の中にポイントを凝縮、重要度が一目でわかる、50音順で配列されていても関連用語を参照しやすい、というのが本書の特徴。高校無償化や特別支援教育コーディネーターといった最新の時事用語まで解説する現代教職教養用語の基礎知識。廉価。

Tips 10

「エセ心理学本」にだまされるな!

　世の中には、心理学を謳っておいて、まったく心理学的根拠に基づいていないという言説、あるいは本がある。「あなたの運命の人がわかる恋愛心理学テスト」なんて本が出てきたら、それはもう卵焼きだと言ってタクアンを食べさせるようなまがいものである。心理学では運命の人はわからない。それだけは断言してよい。しかしもっと厄介なのは、確かにそういう心理学の考えや理論もあるが、あまり適切ではない取り上げ方をして人を納得させるような言説や本である。しばしば取り上げられる、心理学者ダットンとアーロンの実験による「恋愛の吊り橋理論」は確かに間違っていない理論だが、好きな人を吊り橋に連れていったから恋が成就するものではないのだ。こういう「アヤシイ本」、どうやって見分ければよいのだろうか。

　実際にその本を手にしたとき、まずは著者を見てほしい。「心理カウンセラー」や「心理学評論家」などといった公的ではない資格を掲げていたらまずはダウト。責任ある心理学関係者ではないと思ったほうがいい。もう少し踏み込んで、その著者の業績をネットで調べたとき、学会誌などの論文がまったく出てこなかったりする場合もまあ疑ってかかってかまわない。著者が個人ではなく、「〜心理研究会」なども多くは信頼できる団体ではないことが多いので注意が必要である。

　困ったことに、最近では本物の心理学者、なかには大学の先生という肩書を持っている人さえ、ちょっと怪しげな本を書いていることもある。著者で悩んだら、どの出版社から出されているかチェックするのも一つの方法。このブックガイドに掲載されている本も、いくつかの信頼できる出版社から刊行されているものが多い。反対に、雑誌などの出版で有名な大出版社でも、面白さ重視で中身の正確さはまったく度外視のところもある。一概には言えないが、見分

けるポイントとなることもある。

　次に中をちょっと開いてほしい。引用文献が示されているか、文献は論文かどうか。信頼ある本は引用文献が充実している。「参考文献」だけだと、あちこちの本から都合の良いところだけをつぎはぎした可能性もあり、注意が必要。

　「本の効能」を謳っている本も気をつけよう。「心に効く」とか「仕事や人生を変える」とか、人間の願望・欲望が満たされるようなノウハウが散りばめられているものは、自己啓発本であって心理学書ではないと思っていい。ほとんどの場合、簡単にそういう願望や欲望が手に入ることはない。そして心理学書の場合、示されている事例や理論が「解決のためのヒント・きっかけ」になることはあっても、ダイレクトに役に立つということは必ずしも多くない。だからたいてい控え目な書き方になり、こういう考え方もあるよ、くらいに説明するしかないことが多いのである。同様に、「いま売れて」いたり、爆発的なブームだったり、有名人が絶賛していたりする本もそうそう多くはない。筆者の知る限り、たとえ一般向けの本であろうとそんなに売れた本は聞いたことがない。

　もちろん例外もないわけではない。河合隼雄、菅野泰蔵など、臨床系の心理学者・カウンセラーなどには、秀逸なエッセイ風の本を書くベテランの書き手もいる。それにしても、書き方の姿勢は専門家らしく謙虚なので、やはりよくわかるのだが。

　最後に、あなたがもしその本を読んで、手放しで感激したり、世界がバラ色に見えたり、疑うことなく納得できたりしたら、そのときもまた「エセ心理学本」ではないかと一度は疑ってみることを勧める。世の中、そんなにスッキリする話はそうめったにないものだ。

監修者・著者略歴

服部 環（はっとり　たまき）
筑波大学大学院人間総合科学研究科　教授　1956 年生まれ
筑波大学大学院博士課程心理学研究科修了　教育学博士
専門分野：教育心理測定学
著書：『心理・教育のための R によるデータ解析』（福村出版）
　　　『Q&A 心理データ解析』（福村出版）共著
　　　『「使える」教育心理学』（北樹出版）監修
　　　『心理学検定　公式問題集』（実務教育出版）編集委員、分担執筆
　　　『心理学検定　基本キーワード』（実務教育出版）編集委員、分担執筆
　　　『平成 22 年改訂新指導要録の解説と実務』（図書文化社）分担執筆
　　　『心理学総合事典』（朝倉書店）分担執筆　　　ほか

越智啓太（おち　けいた）
法政大学文学部心理学科教授　1965 年生まれ
学習院大学大学院人文科学研究科心理学専攻修了
警視庁科学捜査研究所研究員（1992 － 2001 年）　臨床心理士
専門分野：犯罪心理学
著書：『犯罪捜査の心理学』（化学同人）
　　　『犯罪心理学がよ～くわかる本』（秀和システム）
　　　『自伝的記憶の心理学』（北大路書房）編著
　　　『犯罪心理学』（朝倉書店）編著
　　　『社会心理学の基礎と展望』（八千代出版）共著
　　　『サイコ・ナビ　心理学入門』（おうふう）共著
　　　『記憶の心理学と現代社会』（有斐閣）分担執筆　　ほか
Web：http://www.geocities.jp/cpsycholo/toppage.htm

> もともとは生物学科に進学したかったのだが、心理学科に進学することになってしまった。もともとは認知心理学をやりたかったのだが、気づくと犯罪心理学をやることになってしまっていた。子どもの頃から推理小説と犯罪映画漬けで育ったので、サブリミナルマインドによってそこに方向づけられたのかも……。

徳田英次（とくだ　ひでじ）
桐蔭横浜大学スポーツ健康政策学部スポーツ教育学科准教授　1969 年生まれ
筑波大学大学院博士課程心理学専攻中退　臨床心理士
専門分野：臨床心理学
著書：『臨床心理士試験対策心理学標準テキスト』（秀和システム）
　　　『臨床心理士心理学試験対策合格問題集＋予想模擬試験』（秀和システム）　ほか
Web：http://htokuda.com/lecture/

> 「心理学は役に立たない」という批判をよく耳にします。心理学に"魔法"（人の心が読めるとか操作できるとか）を期待して、自分の期待した魔法と違うと、「役に立たない」と切り捨てる人が多すぎませんか？　自分が面白いと思った本は必ず役に立ちますよ。

荷方邦夫（にかた　くにお）

金沢美術工芸大学美術工芸学部准教授　1972年生まれ
筑波大学大学院博士課程心理学研究科単位取得退学　博士（心理学）
専門分野：認知心理学、教育心理学
著書：『「使える」教育心理学』（北樹出版）編著
　　　『感情・思考の科学事典』（朝倉書店）分担執筆
　　　『学習心理学の最前線』（あいり出版）分担執筆
　　　『あたりまえの心理学』（文化書房博文社）分担執筆
　　　『自分でできる心理学』（ナカニシヤ出版）分担執筆　　ほか
Web：http://homepage3.nifty.com/k-nikata/

> 「本物の心理学」に出会うことができる魅力的な本を皆さんにお届けしたくて、本書に取り組みました。本は「おもちゃ」です。勉強するために読むのではなく、めくって眺めても、落書きしてもいいと思います。その本と長くつきあううちに、きっとあなたの血や肉になります。お楽しみに。

望月　聡（もちづき　さとし）

筑波大学大学院人間総合科学研究科　講師　1972年生まれ
東京大学大学院総合文化研究科生命環境科学系博士課程修了　博士（学術）
専門分野：神経心理学、認知行動病理学
著書：『入門 心理学―わかりやすく学ぶ基礎・応用』（文化書房博文社）分担執筆
　　　『心理学の実践的研究法を学ぶ』（新曜社）分担執筆
　　　『よくわかる言語発達』（ミネルヴァ書房）分担執筆
　　　『よくわかる臨床心理学』（ミネルヴァ書房）分担執筆　　ほか
Web：http://homepage3.nifty.com/mo-/

> 人間の織りなす森羅万象が心理学の対象だと思っています。まずはお好きな章の数冊からでもよし、各章から1冊ずつ選んで順番に読んでみるのもよし。できる限り広く満遍なく手を広げてみて、それから手を引っ込めましょう。これはニューロンの「刈り込み」➡310 のようなものです。

心理学の「現在」がわかるブックガイド

2011年4月30日　初版第1刷発行

監修者　服部　環
著　者　越智啓太・徳田英次・荷方邦夫・望月　聡
発行者　池澤徹也
発行所　株式会社 実務教育出版
　　　　163-8671　東京都新宿区大京町25番地
　　　　電話　03-3355-1812（編集）　03-3355-1951（販売）
　　　　振替　00160-0-78270

印刷／シナノ印刷　　製本／東京美術紙工

©Tamaki Hattori, Keita Ochi, Hideji Tokuda, Kunio Nikata, Satoshi Mochizuki 2011
ISBN978-4-7889-6086-2　C3011　Printed in Japan
本書の無断転載・無断複製（コピー）を禁じます。
乱丁・落丁本は本社にておとりかえいたします。